RONALD CLARK

Hannover aus der Luft – damals und heute

RONALD CLARK

Hannover aus der Luft

DAMALS UND HEUTE

HAZ NP

Inhalt

Vor 100 Jahren flogen die Pioniere der Luftfotografie in 1000 bis 2000 Meter Höhe. Dennis Hannemann, Pilot von Fotograf Martin Elsen, durfte den Motorsegler dagegen nicht höher als 670 Meter steigen lassen.

Vorwort

Gehen Sie auf Entdeckungsreise, liebe Leser. Die Gegenüberstellung von ersten Luftbildern der Stadt Hannover mit heutigen Aufnahmen soll zum vergleichenden Einblick anregen und auffordern: Was hat sich im Laufe der Zeit verändert? Wie hat es sich verändert, oder was ist noch erhalten geblieben?

Will man das heutige Erscheinungsbild einer Stadt verstehen, ist es erkenntnisfördernd, sich mit ihrer strukturellen Entwicklungsgeschichte zu befassen. Die damalige Stadtplanung und Landschaftsgestaltung lässt sich anhand der hier veröffentlichten Luftbilder gut illustrieren.

Als ich meinen Beitrag zur hannoverschen Sommerakademie über die Entwicklung der Grünflächen Hannovers kurz vor 1914 vorbereitete, bin ich auf eine Serie von Luftaufnahmen aus dem Ersten Weltkrieg gestoßen, die gerade zuvor digitalisiert, aber noch nicht öffentlich gezeigt worden waren. Dadurch bekam mein Thema einen neuen Aspekt, der die Entstehung und Veränderungen einer Stadtlandschaft wie Hannover aber viel anschaulicher machte.

Zugeordnete alte Ansichtskarten, die Hannover vor der großen Zerstörung durch den Zweiten Weltkrieg zeigen, könnten dazu verleiten, auf eine vermeintlich ›gute alte Zeit‹ zu schließen. Sie sind wichtige historische und kunsthistorische Belege, zeigen jedoch naturgemäß malerische Ansichten oder schöne Fassaden. Niemand war daran interessiert, Abbildungen der wirklichen Welt, beispielsweise vom sozialen Elend als ›Gruß aus Hannover‹ zu verschicken.

Der pittoreske Eindruck von Altstadtgassen oder anderen Idyllen täuscht über oft schlechte Wohnbedingungen und mangelhafte hygienische Zustände hinweg. Hier ist Misstrauen dem Bild gegenüber angebracht.

Einer aufstrebenden Mittelschicht ging es allerdings nach dem Deutsch-Französischen Krieg 1870/71 gut. Diese Bürger verlangten nach größeren Wohnungen, vergnügten sich in der ›freien Zeit‹ in den zahlreichen Ausflugslokalen oder gingen zum Einkaufen in die neu entstandenen Warenhäuser der Innenstadt. Die ›schmucken‹ neuen Anlagen wurden gern Verwandten, Freunden und Partnern in anderen Städten als Ansichtspostkarte, verbunden mit einem Gruß, präsentiert.

Bei der Arbeit an diesem Buch haben mich Gedanken des österreichischen Schriftstellers und Publizisten Joseph Roth aus seinem Buch ›Reisen in die Ukraine und nach Russland‹ fasziniert:

»Es ist eine große Vermessenheit, Städte beschreiben zu wollen. Städte haben viele Gesichter, viele Launen, tausend Richtungen, bunte Ziele, düstere Geheimnisse, heitere Geheimnisse. Städte verbergen viel und offenbaren viel, jede ist eine Einheit, jede eine Vielheit, jede hat mehr Zeit als ein Berichterstatter, als ein Mensch, als eine Gruppe, als eine Nation. Die Städte überleben Völker, denen sie ihre Existenz verdanken und Sprachen, in denen ihre Baumeister sich verständigt haben. Geburt, Leben und Tod einer Stadt hängen von vielen Gesetzen ab, die man in kein Schema bringen kann, die keine Regel zulassen. Es sind Ausnahmegesetze.«

Von diesen Ausnahmegesetzen erzählt diese Entdeckungsreise.

Adolf Eltzners Stahlstich von 1850 zeigt die Waterloosäule (Mitte) vor dem Leineschloss und im Halbkreis (von links) Neustädter Hof-, Kreuz-, Markt- und Aegidienkirche.

Das Luftbild von 1915 belegt das Wachstum der Stadt. Von der Waterloosäule (links unten) geht der Blick zum Neuen Rathaus und zur Gartenkirche (Mitte oben).

Rasantes Wachstum beginnt erst nach der Annexion durch Preußen

Im späten 18. und frühen 19. Jahrhundert wuchs Hannover durch die Abwesenheit des kurfürstlichen königlichen Hofes wegen der Personalunion mit Großbritannien nur langsam. 1850 zählte man etwa 30 000 Einwohner. Erst nach der Annexion des Königreichs Hannover durch Preußen 1866 begann ein rasantes Wachstum.

Die wichtige Eisenbahnverbindung nördlich der Mittelgebirge vom Ruhrgebiet nach Berlin tangierte die Stadt, die vorher von den mittelalterlichen Ost-West-Handelswegen abgehängt war. So wurde Hannover auch mit der Bahnstrecke von Hamburg und Bremen nach Kassel zu einem Verkehrsknotenpunkt. 1875 gab es schon 100 000 Einwohner, zwanzig Jahre später hatte sich die Zahl verdoppelt, und um 1913 lebten in Hannover bereits 322 000 Menschen.

Mit der Bahn findet Hannover endlich Anschluss an den Ost-West-Verkehr

Die mittelalterliche Stadt war auf drei Seiten – im Norden, Osten und Süden – von landwirtschaftlichen Flächen umgeben. Erst mit der Entfestigung der Stadt im späten 18. Jahrhundert entwickelten sich vor den ehemaligen Toren um die Gartenkirche im Südosten und nördlich in der Königsworth einige Villenviertel. Im Erweiterungsschub nach dem Deutsch-Französischen Krieg 1870/71 wurden die neuen Stadtteile mangels namensgebender Siedlungen nach den Himmelsrichtungen benannt: Nord-, Ost- und Südstadt. Bis 1900 wurden eine Reihe kleinerer Bauernschaften – List, Hainholz, Herrenhausen und Kleefeld – eingemeindet und verloren bis zum Ersten Weltkrieg ihren dörflichen Charakter. Die Großstadt entfaltete sich. Mit den Eingemeindungen von Stöcken, Groß-Buchholz und Klein-Buchholz, Bothfeld, Lahe, Kirchrode, Döhren und Wülfel im Jahre 1907 verdoppelte sich die Fläche Hannovers nahezu.

Westlich des mittelalterlichen Kerns war die Entwicklung anders verlaufen. Schon im 17. Jahrhundert hatte man die Calenberger Neustadt als erste Stadterweiterung überhaupt angelegt. Das Dorf Linden, das erst 1920 eingemeindet wurde, war bereits im frühen 19. Jahrhundert unabhängig von Hannover zu einer Industriestadt herangewachsen.

Der Stahlstich Adolf Eltzners von 1850 zeigt vogelperspektivisch Hannover von Westen kurz vor den umfassenden Veränderungen in der zweiten Hälfte des 19. Jahrhunderts. Im Oval der mittelalterlichen Stadt mit zusammengedrängten Gebäuden liegen die drei Hauptkirchen Kreuz-, Markt und Aegidienkirche in einer Linie. Links unten erstreckt sich die ebenfalls dicht bebaute Calenberger Neustadt aus dem 17. Jahrhundert, überragt von der Neustädter Hof- und Stadtkirche.

Die Stadtplanung von Hofbaumeister Georg

Die enge Bebauung und dichte Besiedelung des mittelalterlichen Altstadt-Kerns und der Calenberger Neustadt als erster Stadterweiterung erforderten eine rasche Ausdehnung der Siedlungsflächen. Das Foto von 1910 zeigt links die Leineinsel und rechts die Calenberger Neustadt.

Friedrich Ludwig Laves in der ersten Hälfte des 19. Jahrhunderts ist auf dem Stich gut zu erkennen. Senkrecht zur mittelalterlichen Nord-Süd-Ausrichtung hatte er eine West-Ost-Achse gezogen, die durch Marktkirche und Leineschloss verlief, und setzte an ihre Enden Bahnhof und Waterlooplatz. Interessant am Stich ist die etwas verfälschend nach rechts gerückte Marktkirche. Dieser Kunstgriff gestattet den Blick auf den Bahnhof.

Nur gut 60 Jahre später hat sich das Gesicht Hannovers völlig verändert. Die Gebiete um die historische Alt- und Neustadt sind 1915 intensiv bebaut; das Neue Rathaus und das Provinzial Museum (heute Landesmuseum) liegen sogar in den feuchten Wiesen südlich des Friedrichwalls. Doch weiterhin ragen große, grüne Areale bis an das Zentrum heran: Georgengarten, Eilenriede und Maschwiesen.

Die dichte Bebauung mit schlechten sanitären Bedingungen und engen Hinterhöfen in den Arbeiterquartieren führte Ende des 19. Jahrhunderts zur Gründung eines eigenständigen Gartenamtes. Der Grünflächenfachmann August Hoffmann schrieb 1904 dazu: »Wie viele deutsche Großstädte, so hat auch Hannover in den letzten drei Dezennien einen äußerst schnellen und ungeahnten Aufschwung genommen. Angesichts der weit ausgedehnten, weltbekannten Königlichen Gartenanlagen (Welfengarten, Georgengarten und Herrenhäuser Gärten ...) im Westen der Stadt und des mächtigen Stadtforstes Eilenriede im Süden und Osten machte sich der Mangel an öffentlichen städtischen Anlagen erst sehr spät bemerkbar. Erst ums Jahr 1889 ... kam man dazu, diesem wichtigen Zweige der Stadtbaukunst mehr Aufmerksamkeit zu schenken.«

Zwar wurden keine Parks, aber viele Schmuckplätze mit Sommerblumenbepflanzung neu angelegt. Die Anzahl der Straßenbäume wuchs sehr schnell: Waren es 1890 nur 13 Alleen mit 854 Bäumen, zählte man 1904 schon 59 Alleen mit 7 422 Bäumen. ■

Links auf der Luftaufnahme sind Flugfeld und Maschinen zu erkennen. Die Hangars der Fliegerkaserne Vahrenheide liegen in der Diagonale, rechts befinden sich Schießstände.

Auf dem alten Flughafengelände zwischen Kugelfangtrift und Autobahn A 2 liegen die Einrichtungen der Emmich-Cambrai-Kaserne, umgeben von Gewerbegebieten.

Flugpioniere üben in der Vahrenheide

Hannovers erster Flugplatz entstand als militärische Fliegerstation auf einem Exerzierplatz im Norden der Stadt. Eine lockere und löchrige Rasenfläche diente als Flugfeld.

Ein Grund für den ersten Kameraflug über Hannover ist nicht bekannt. Mutmaßlich gehörten die Aufklärungsflüge 1915/16 zur Pilotenausbildung, zumal in der Vahrenheide ab 1909 ein Exerzierplatz als Flugplatz genutzt wurde. Ab 1912 finanzierte die Stadt Hannover das Vorhaben, um dort Kasernen, Hangars für Flugzeuge und eine 184 Meter lange Luftschiffhalle für die Flieger-Ersatzabteilung 5 zu bauen. Die FEA 5 war für die Ausbildung neuer Piloten und Luftbeobachter zuständig.

Zu Beginn des Krieges war nur eine geringe Anzahl von fliegendem Personal in der Truppenunterkunft stationiert, Ende 1915 leisteten dort bereits 130 Offiziere ihren Dienst. Von den zwei größeren Kasernen, die schon zu Beginn des Ersten Weltkriegs fertiggestellt waren, steht nur noch die östliche. Auf der alten Postkarte ist eine runde Aussichtsplattform auf dem Dach zu sehen, die noch heute existiert. Das Flugfeld selbst war lediglich eine lockere Rasenfläche, weil das Gras auf dem Sandboden der Vahrenheide nur sehr spärlich wuchs. Gerade bei Trockenheit wurden die Löcher durch den Propellerwind der Flugzeuge tiefer, was für viele Bruchlandungen sorgte, oft mit tödlichem Ausgang.

Der alte Flughafen wurde in den 1920er und 1930er Jahren erweitert. Da letztlich die Zerstörungen durch den Zweiten Weltkrieg zu groß waren und es keine Ausbaumöglichkeiten durch die nördlich angrenzende Autobahn A 2 gab, baute man den nördlich von Langenhagen gelegenen Militärflugplatz Eberhorst zum zivilen Flughafen Hannover-Langenhagen aus. Von den zahlreichen Kasernen auf der

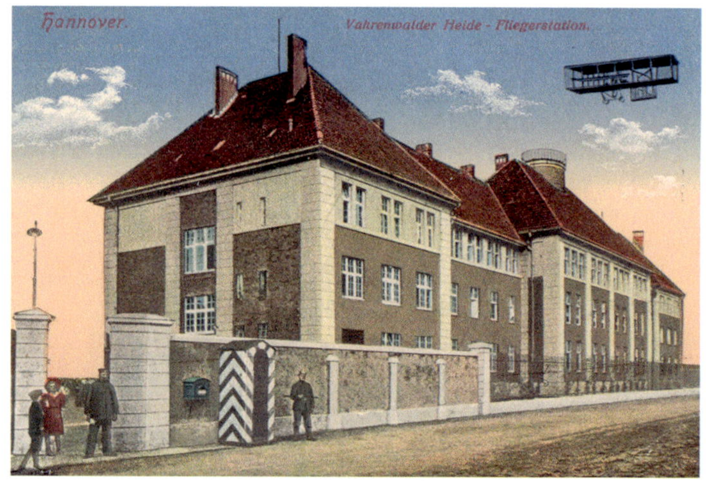

Die Kaserne der Fliegerstation war um 1914 nur von Feldern umgeben. Daher hängt neben dem Wachhäuschen ein Briefkasten.

Oben: Bei einem Absturz vor der Zeppelinhalle wurden im Juli 1917 Pilot und Beobachter getötet. Mitte: Blick von einem Hangar aufs Flugfeld. Unten: Die Kasernen an der Kugelfangtrift, westlich des Flugfelds.

Vahrenheide wird nur noch die Emmich-Cambrai-Kaserne militärisch genutzt, die anderen Flächen sind als Gewerbegebiet überbaut. Ein Teil des früheren militärischen Übungsgeländes südlich der Autobahn ist heute Landschaftsschutzgebiet. ■

Luftfahrt und Luftbilder im Ersten Weltkrieg

Kaum ein Fortbewegungsmittel hat in kurzer Zeit eine so rasante Entwicklung wie das Flugzeug genommen. Vom ersten erfolgreichen Gleitflug Otto Lilienthals 1891 dauerte es nur zwölf Jahre bis zur Motorflug-Premiere der Gebrüder Wright im Dezember 1903. Wie leider so oft beschleunigten militärische Anforderungen oder gar kriegerische Auseinandersetzungen – hier der Erste Weltkrieg – die technische Entwicklung. Erfindungen in schneller Folge optimierten Maschinen, Geräte und Waffen. So wurden Flugzeuge nach 1914 erstmals als Kampfmittel eingesetzt.
Anfangs wurden die Bomben mit der Hand aus dem Flieger geworfen, und die Piloten schossen mit Pistolen aufeinander. Nur wenige Jahre später wurden Spreng- und Brandbomben auf Städte und Stellungen vom Rumpf oder dem unteren Flügel einfach ausgeklinkt, und die Flugzeuge besaßen Bordgeschütze. Zwar wurden schon im 19. Jahrhundert Fotos aus Heißluftballons gemacht, doch gab es im Ersten Weltkrieg nicht nur die ersten Luftkämpfe in der Geschichte, sondern erstmals wurden Gefechte entscheidend von der Luftbildfotografie beeinflusst.
Wurden in den ersten Kriegsmonaten nach dem Aufklärungsflug noch handschriftliche Notizen aus dem Gedächtnis über Aufstellung und Truppenbewegungen des Gegners gemacht, waren schnell immer professionellere Fotokameras im Einsatz. Am Ende des Krieges gab es eigene Flugaufklärungsbataillone mit speziellen Ausbildungszentren. Es wurden pro Tag Zehntausende Fotos geschossen und entwickelt.

Der Wasserturm nahe des Mittellandkanals, der zum Zeitpunkt des Luftbilds noch im Bau ist. Das Luftbild dürfte daher 1915 oder Anfang 1916 gemacht worden sein.

Um den Wasserturm erstreckt sich eines der größten Gewerbegebiete der Landeshauptstadt Hannover.

Einst Europas größter Wasserspeicher

Der Wasserturm an der Stader Chaussee, der heutigen Vahrenwalder Straße, war bei seiner Fertigstellung 1911 der Behälter mit dem größten Fassungsvermögen in Europa. Der Wasserspeicher hatte eine Höhe von 63 Metern. Das Bauwerk wurde von seinem Architekten Hermann Schaedtler ›Heideturm‹ genannt und hat die Anmutung eines mittelalterlichen Wehrturms mit Schießscharten-ähnlichen Fenstern und einem Obergeschoss, das wie ein Wehrgang wirkt.

Wasserturm ähnelt mittelalterlichem Wehrturm mit Schießscharten

Der Wasserturm wurde innerhalb von nur zwei Jahren fertiggestellt und kostete gut 400 000 Mark. Der Wasserbehälter hatte einen Durchmesser von 20 Metern bei einer Höhe von 16 Metern und fasste 4 100 Kubikmeter. Pro Tag konnte die Stadt mit mehr als 17 000 Kubikmetern Wasser versorgt werden, das von einer 21 Kilometer langen Gusseisendruckleitung vom Wasserwerk Elze hierher gepumpt wurde. Das Wasserwerk liegt im Gebiet der heutigen Gemeinde Wedemark im Norden der Region Hannover.

Als oben im Flugzeug der Luftbeobachter auf den Auslöser drückte, wurde unten noch am Mittellandkanal gebaut. Aus Furcht vor Konkurrenz und preisgünstigeren Produkten aus dem Westen Deutschlands hatten ostelbische Großgrundbesitzer zu jener Zeit den Durchstich zur Elbe vorerst verhindert. So wurde der neue Kanal 1916 zunächst einmal nur bis zum Misburger Hafen in Hannover fertiggestellt. Zwischen 1918 und 1938

Der Wasserturm an der Stader Chaussee auf einem Foto von 1914.

Weil Großgrundbesitzer den Durchstich zur Elbe aus Angst vor Konkurrenz verhinderten, endete der Mittellandkanal zunächst am Misburger Hafen.

konnte die Wasserstraße dann doch bis nach Magdeburg zur Elbe hin verlängert werden. Die Vahrenwalder Straße endete damals am Mittellandkanal. Nördlich davon hieß sie bis nach dem Zweiten Weltkrieg Stader Chaussee.

Östlich der Stader Chaussee erstreckte sich die Feldstellung ›Fuchsgarten‹ mit Schützen- und Laufgräben, Unterständen und Beobachtungsposten, die nicht nur zu Ausbildungszwecken, sondern auch zur Besichtigung durch die Bevölkerung angelegt worden waren. Gegen Zahlung eines Eintrittsgelds konnten sich Besucher, aber auch Gruppen und Schulklassen über die Welt des Stellungskriegs informieren. Damit wollte die Heeresführung demonstrieren, dass die deutschen Verteidigungssysteme dem Gegner überlegen sein sollten. »Was sind dies alles Einrichtungen, die es fast unmöglich erscheinen lassen, in diese Gräben einzudringen! Aber die Flieger!«, wird Hugo Homeyer im Buch ›Heimatfront Hannover, Kriegsalltag 1914-1918‹ zitiert.

Rund um den Wasserturm erstreckt sich heute eines der größten Industrie- und Gewerbegebiete Hannovers, das von der Anbindung zum Mittellandkanal und der unmittelbaren Nähe zur Autobahn profitiert. Die frühere britische Militärkaserne an der Vahrenwalder Straße ist in den zurückliegenden 15 Jahren komplett abgerissen und das Grundstück zur Gewerbefläche umgewidmet worden. ■

Oben: Die Feldstellung auf der Vahrenwalder Heide im Jahr 1915. Unten: Der Heideturm, herangezoomt, aus der Vogelperspektive.

Das helle Rechteck zwischen Eilenriede und Bahn ist der Welfenplatz, der damals als Exerzier- und Reitplatz diente.

Auf dem Welfenplatz sind eine Schule, ein Kindergarten und ein Spielplatz errichtet worden.

Stadtstruktur bleibt grundsätzlich erhalten

Schon auf den historischen Luftbildern von vor 100 Jahren ist deutlich zu erkennen, wie die Bahnlinie das Stadtgebiet in nordsüdlicher Richtung in zwei Teile zerschneidet.

Bei der ersten Luftaufnahme (Seite 20) dürfte das Flugzeug mehr als 1000 Meter hoch geflogen sein. Der Blick geht von Osten über die Oststadt, Teile der List, die Innen- und Nordstadt bis in die Leineaue. Deutlich ist im Vordergrund die Vordere Eilenriede zu sehen; sie umschließt die Oststadt vom Emmichplatz bis zum Lister Platz. Das helle

Einschneidend ins heutige Stadtbild war der groß angelegte Verlauf des Cityrings

Rechteck in der Mitte ist der Welfenplatz, die größte frei befestigte Fläche in der Stadt, die hauptsächlich dem Militär als Exerzier- und Reitplatz vorbehalten war, umgeben von Kasernen. Der Reitstall steht noch heute und wird von der Reiterstaffel der Polizei genutzt.

Deutlich ist zu erkennen, wie die Bahngleise das Stadtgebiet in nordsüdlicher Richtung zerschneiden: Der Hauptbahnhof auf der linken Seite, die Continental Fabriken mit dem dahinterliegenden Güterbahnhof und dem Gleisdreieck oben rechts. Dort verzweigt sich die Trasse nach Hamburg und nach Wunstorf in Richtung Ruhrgebiet und Bremen.

Sehr gut lässt sich bei dieser Luftaufnahme auch die städtebauliche Dimension der Herrenhäuser Gärten beurteilen. Die zwei Kilometer lange Herrenhäuser Allee durch den Georgengarten führt zum Großen Garten, der im Gegensatz zu heute immer noch mit der Leineaue in Verbindung steht. An der Herrenhäuser Straße und der Haltenhoffstraße war die Bebauung noch spärlich, und der Stadtteil Herrenhausen hatte fast noch dörflichen Charakter, während Leinhausen und Stöcken, hinter der Bahnlinie, schon eine dichte Bebauung aufwiesen.

Auch nach Norden hinaus entlang der Vahrenwalder Straße hörte die Bebauung kurz nach dem Vahrenwalder Platz auf. Eine weitere Freifläche mittig auf der rechten Seite zeigt die ehemalige Dragonerkaserne mit Reitplatz, heute ist dort der Vahrenwalder Park.

Der Vergleich zum alten Luftbild von vor 100 Jahren macht deutlich, dass sich trotz der massiven Zerstörungen im Zweiten Weltkrieg und dem folgenden Wiederaufbau die Struktur der Stadt gut wiedererkennen lässt: Eilenriede, Bahntrasse, Gründerzeitquartiere und Herrenhäuser Gärten. Einschneidend im buchstäblichen Sinne war die groß angelegte Verkehrsführung des Cityringes, hier vor allem die Berliner und Hamburger Allee, die sich heute parallel zur Bahnlinie durch früher intensiv be-

baute Gebiete ziehen. Der Westschnellweg mit dem Zubringer Bremer Damm trennt jetzt den Großen Garten und den Georgengarten von der Leineaue ab. Das Gefühl, in Herrenhausen noch in einer ländlichen Idylle zu sein, ging spätestens in den 1960er Jahren mit dem Bau dieser Schnellstraßen verloren.
Auch beim zweiten historischen Luftbild (rechts) mit Blick über die Stadt nach Süden ist die Zäsur durch die Bahntrasse mit Hauptbahnhof und den Abzweigungen in Richtung Osten und Süden deutlich zu erkennen. Während Ost- und Südstadt schon dicht bebaut sind, gibt es um die neu erbaute Stadthalle am oberen linken Bildrand noch freie Flächen.
Gut zu sehen sind auch die fingerförmig angeordneten Straßen vor dem Bahnhof, die wie die Straßenzüge um die Oper herum zwar dicht bebaut sind, aber vergleichsweise locker mit zumeist großen Gründerzeitgebäuden, während in der Altstadt die Häuser um die Marktkirche dicht gedrängt bis in die letzten Winkel der Hinterhöfe stehen. ■

Bei diesem Luftbild ist die Zäsur durch die Bahntrasse deutlich zu erkennen.

Die dominierende Linie auf dem Luftbild ist die Podbielskistraße mit leichtem Knick kurz vor Vier Grenzen. Unterhalb der ›Podbi‹ liegt links die Richard-Wagner-Straße.

Zwischen Richard-Wagner-Straße und Walderseestraße wurden vor und nach dem Zweiten Weltkrieg Villen in die Eilenriede eingefügt.

Bahlsen und Pelikan prägen die ›Podbi‹

Die Celler Chaussee war einst die wichtigste Straße von Hannover nach Osten. Erst 1904 wurde sie nach dem preußischen Landwirtschaftsminister Viktor von Podbielski in Podbielskistraße umbenannt, im Volksmund ›Podbi‹ abgekürzt. Jahrhunderte führte sie nördlich der Eilenriede vorbei an Feldern und Gehöften der Dörfer List und Buchholz. Da die Bodenpreise dort noch

Celler Chaussee wurde erst 1904 nach Preußen-Minister Podbielski umbenannt

niedrig waren, siedelten sich um die Jahrhundertwende große Industriebetriebe an, beginnend am Lister Platz mit Bahlsen, dann die Chemischen Werke Günter Wagner (später Pelikan) und die Deutsche Grammophon. Die beiden Letzteren hatten zuvor ihre Fabriken in der Nordstadt, konnten dort aber nicht erweitern und bauten ›auf der grünen Wiese‹ neue Produktionsstätten. Bis zum Ersten Weltkrieg mussten alle drei Unternehmen noch einmal erweitern.

Parallel mit der Industrie wurden links und rechts der Chaussee Wohnhäuser gebaut und die spätere ›Podbi‹ bereits 1901 ans Straßenbahnnetz angeschlossen. Wie auch schon an der Hohenzollernstraße sind die Quartiere umso exklusiver, je näher sie an der Eilenriede liegen. Besonders das sogenannte Komponistenviertel mit Richard-Wagner-, Lortzing- und Brahmsstraße ist bereits damals eine bevorzugte Adresse.

Nördlich der Podbielskistraße und weiter stadtauswärts waren die Wohnblocks schon weniger repräsentativ, doch, wie in der Gründerzeit üblich, stark verziert. Ähnlich wie in der Südstadt wurde die weitere Blockbebauung durch den Ersten Weltkrieg gestoppt und erst Mitte der 1920er Jahre

Die Podbi, von Osten gesehen, mit den Günter Wagner Fabriken (Mitte), links der noch geschwungene Rand der Eilenriede.

Die Kreuzung Vier Grenzen erinnert seit **1913** an das Vier-Gemeinden-Eck von Hannover, List, Groß- und Klein-Buchholz, früher alle eigenständig.

fortgesetzt. Im Dichterviertel rund um Klopstockstraße und De Haen Platz ist der neue Baustil mit dem dunkelroten Backstein gut zu erkennen.

Die Richard-Wagner-Straße grenzte damals an die Eilenriede. Die Walderseestraße endete vom Lister Turm kommend an der Lortzingstraße und wurde erst in den 1920er und 1930er Jahren bis zur Cranachstraße verlängert. Auf dem abgeschnittenen nördlichen Waldstück entstanden Villen, in deren Gärten noch einige der alten Eilenriede-Eichen zu sehen sind. 1939 hatte die Walderseestraße endgültig die Groß-Buchholzer Straße erreicht, die Eilenriede wurde erneut begradigt.

1913 erhielt die Kreuzung Podbielskistraße und Höfestraße (heute Lister Kirchweg) den Namen Vier Grenzen, eine Erinnerung an die früheren politischen Grenzen der Gemeinden Hannover, List, Groß- und Klein-Buchholz. Der Häuserblock ›Grenzburg‹ aus den 1920er Jahren hat den Namen des Platzes aufgegriffen.

Die großen Betriebe an der Podbi haben ihre Produktionen seit den 1970er Jahren nach und nach aufgegeben und werden seit den 1990er Jahren Schritt für Schritt in Wohn- und Gewerbenutzung umgewandelt. Teile der alten, repräsentativen Firmengebäude sind erhalten geblieben. ■

Oben: Blick in die Burckhardtstraße von 1908.
Mitte: Eine Postkarte der Brahmsstraße, Ecke Richard-Wagner-Straße, mit Stempel vom 26. April 1913. Der Absender hat seine Wohnung schwarz markiert.
Unten: Günter Wagners Farbenfabrik, ein Foto von 1910.

Lister Turm (links) und Markuskirche am Saum der Vorderen Eilenriede. Am Lister Platz daneben treffen sich Bödekerstraße sowie ›Ferdi-Walli‹ und ›Podbi‹.

Nur das alte Fabrikgelände von Bahlsen hat sich stark verändert, die ursprüngliche Straßenstruktur und Bebauung blieb größtenteils erhalten.

Leibniz-Keks holt 1893 Gold in Chicago

Der Baustil der Gründerzeit hat das Viertel um den Lister Platz trotz der Kriegszerstörungen bis heute geprägt. Nach wie vor ist die List eine der beliebtesten Wohnadressen Hannovers.

Die zwei Stadtteile Oststadt und List sind innerhalb von nur etwa 20 Jahren entstanden. 1859 war die List noch ein kleines Dorf mit 574 Einwohnern, im Gebiet der Oststadt gab es nur vereinzelte Gehöfte. 1891, als die List eingemeindet wurde, war die Bevölkerungszahl schon auf 3200 angewachsen, 20 Jahre später hatte sie sich verzehnfacht.

Für den Turm der Markuskirche wurden 400 Betonpfähle in den Boden gerammt

An den Hauptverkehrsadern der List, Ferdinand-Wallbrecht-Straße und Podbielskistraße, hat sich seit damals nichts geändert. Während an der ›Ferdi-Walli‹ ausschließlich Wohnungen gebaut wurden, entstand an der ›Podbi‹, einer der längsten Straßen Hannovers, eine gemischte Bebauung aus Wohnhäusern und Fabriken. Die Deutsche Grammophon, Pelikan und Geha siedelten sich an, und dort findet sich auch das Stammhaus von Bahlsen. Das einzige Fabrikgebäude, das heute noch als Firmensitz fungiert, bauten 1911 die Gebrüder Siebrecht für den Keksfabrikanten Hermann Bahlsen.

Mit seinem Leibniz Keks hat er auch international gesehen Produktgeschichte geschrieben. Gleich zu Beginn seiner Weltkarriere wird der Leibniz Keks 1893 auf der Weltausstellung in Chicago mit einer Goldmedaille ausgezeichnet. An Bahlsens Stammhaus, diesem bedeutenden Gebäude des Jugendstils in Hannover, tauchen an der prunkvoll gearbeiteten Natursteinfassade aus Langensalzaer Travertin mehrmals Darstellungen des Leibniz Kekses auf.

Zur Eilenriede hin steht seit 1906 die Markuskirche, erbaut durch Otto Lüer (1865-1947). Das Gelände stellte die Stadt der Evangelischen

Hohenzollernstraße und Markuskirche, 1907 fotografiert.

Oben: Verwaltungsbau der Leibniz-Keks-Fabrik (Bahlsen), um 1910.
Mitte: Lister Platz mit Blick in die Podbielskistraße und zur Markuskirche, nach 1906.
Unten: Das große Ausflugslokal Lister Turm an der Walderseestraße, vor 1910.

Kirche zur Verfügung. Da der feuchtsandige Untergrund nicht stabil genug war, mussten zur Fundamentierung des 70 Meter hohen Turms 400 Betonpfähle in den Boden gerammt werden. Anders als die gut 20 Jahre ältere Dreifaltigkeitskirche im neogotischen Backsteinstil hat die wuchtig wirkende Markuskirche viele neoromanische Elemente. Die Ausmalung im Innern wurde im Krieg zerstört. Das Mosaik an der Südwestseite wurde von Kaiser Wilhelm II. gestiftet und zeigt den auferstandenen Christus als Weltenherrscher.

Der Lister Turm, ursprünglich ein Wartturm der mittelalterlichen Landwehr und 1387 erstmals erwähnt, stand auf der heutigen Burckhardtstraße. Schon damals gab es dort eine Schankwirtschaft. Der Turm wurde um 1850 abgebrochen. Nicht weit entfernt entstand das Wirtshaus ›Lister Turm‹, 1895 durch das heutige Gebäude ersetzt. Die romantisierende Nachbildung eines mittelalterlichen Turmes mit großem Festsaal und ausgedehntem Kaffeegarten entwarf der Architekt Hermann Schaedtler, der auch die Villa Seligmann an der Hohenzollernstraße baute.

Der Lister Turm überstand den Zweiten Weltkrieg unbeschadet und wurde zeitweise Sitz der Musikhochschule, bis sie 1973 ins neue Gebäude am Emmichplatz zog. Seitdem befinden sich im Lister Turm ein Freizeitheim und ein beliebter Biergarten – eines der wenigen Ausflugslokale des 19. Jahrhunderts in Hannover, das immer noch in gleicher Weise im ursprünglichen Gebäude genutzt wird. Trotz der Kriegszerstörungen wird das Gebiet um den Lister Platz in seiner Grundstruktur und mit seiner Gebäudesubstanz noch von der Gründerzeit geprägt. ■

Die Yorckstraße, im Herzen der Oststadt, beginnt an der Dreifaltigkeitskirche (Mitte) und mündet am Eilenriede-Rondell (links) in die Hohenzollernstraße.

Die Dreifaltigkeitskirche mit der Achse zum Königinnendenkmal ist weiterhin das Zentrum der Oststadt.

Kaiser weiht Königinnen-Denkmal ein

Die Hohenzollernstraße wurde ab 1888 zu einem begehrten Wohngebiet Hannovers. Relativ nah an der Altstadt, prinzipiell mit der Straßenbahn gut zu erreichen und doch direkt am Wald gelegen, entstanden dort gutbürgerliche Wohnungen und großbürgerliche Villen.
Zwischen Sedan- und Hohenzollernstraße wurde nach 1871 ein Raster neuer Straßen angelegt. Einige alte Flurnamen, wie Große und Kleine Pfahlstraße oder Fundstraße wurden in die Namensgebung einbezogen, wenn auch

Die Hohenzollernstraße entstand einst über dem zugeschütteten Holzgraben

die neuen Straßen ganz anders verliefen als die alten Feldwege. Aus dem Schachbrettmuster heraus fallen Lärchenstraße, Auf dem Lärchenberge und Holzgraben. Bei diesen Straßen sind die alten Wegeverläufe noch in etwa erhalten geblieben - und auch einige Reste der ehemaligen Bebauung mit Fachwerkhäusern, die heute Gebäude der Gründerzeit umgeben.
Der Holzgraben war jahrhundertelang die Grenze zur Eilenriede. Er wurde zugeschüttet und die Hohenzollernstraße als ausladende Promenade mit beidseitigen Lindenreihen und breitem Bürgersteig zum Wald hin angelegt, wobei ihr Verlauf der alten Waldgrenze folgte. Ein scharfer Knick am Eilenriederand wurde platzartig ausgebaut. Die elegante Yorckstraße läuft von hier aus auf die neugotische Dreifaltigkeitskirche als Endpunkt zu.
Vor 1910 war die Einmündung der Yorckstraße in die Hohenzollernstraße als kleines Schmuckrondell angelegt: Ein Ring von sechs Bäumen mit einem sternförmigen Blumenbeet in der Mitte. 1910 wurde der Platz umgestaltet: Das Rondell verschwand, es entstand ein rechteckiges Schmuckbeet mit Eibenkugeln, Rasen und Blumenbeeten. In der Mitte steht noch heute das Königinnen-Denkmal von Valentino

Die Dreifaltigkeitskirche in einer Aufnahme von 1910.

Das Königinnendenkmal, zum 100. Todestag von Königin Luise **1910** erstellt, ist eine Nachbildung der Berliner Prinzessinnengruppe, 115 Jahre zuvor geschaffen.

Casal, die Nachbildung einer Plastik von Johann Gottfried Schadow. Die Marmorgruppe war ein Geschenk Kaiser Wilhelms II. an Hannover, der sie am 19. Juli 1910 persönlich einweihte, und zeigt die in Hannover geborenen Schwestern Friederike und Luise, später Königinnen von Hannover und Preußen.

Den Ausbau der Oststadt trieb vor allem Ferdinand Wallbrecht voran, dessen ›Hannoversche Baugesellschaft‹ auch die Planung übernahm. Anders als in gut- bis großbürgerlichen Stadtteilen wie Kleefeld und Kirchrode lagen in der Oststadt die Milieus dicht beieinander. Von den Villen in der Hohenzollernstraße über die Sieben-Zimmer-Wohnungen in der Ostwender- und Bödekerstraße bis zu den beengten Mietskasernen in der Bütersworthstraße waren es nur wenige hundert Meter. Vor allem die billig hochgezogenen, verklinkerten Arbeiterhäuser warfen hohen Profit ab.

Die Straßenführungen der Gründerzeit sind alle bis heute erhalten geblieben. Im Vergleich zur Innenstadt waren die Kriegsschäden nicht sehr gravierend, sodass die ursprüngliche Bebauung oft noch erlebbar ist. In den vergangenen vierzig Jahren ist die Oststadt als Wohnviertel immer beliebter geworden, viele der früheren Mietwohnungen sind in Eigentum umgewandelt, und die unterschiedlichen Wohnungsgrößen sorgen für eine relativ bunte Mischung der Bevölkerung. Die Oststädter sehen daher auch gleichmütig darüber hinweg, dass man sie im Sprachgebrauch als ›Lister‹ bezeichnet, beginnt doch der Stadtteil List für viele fälschlicherweise direkt hinterm Bahnhof. ■

Oben: Das Foto der Bödekerstraße mit Blick in Richtung Lister Platz stammt aus dem Jahr 1905.
Mitte: Eine Fotopostkarte mit dem Königinnen-Denkmal an der Hohenzollernstraße, Ecke Yorckstraße, nach 1910.
Unten: Blick durch die Yorckstraße auf die Dreifaltigkeitskirche, vor 1910.

Die Waldzunge der Vorderen Eilenriede reicht bis zum Emmichplatz mit dem beliebten Ausflugslokal und Konzertcafé Neues Haus und dem Kriegerdenkmal.

Das ›Ohr‹ der Hochschule für Musik, Theater und Medien Hannover bestimmt nun den Emmichplatz.

›Ohr‹ aus Sichtbeton ersetzt Konzertcafé

Bis in die 1920er Jahre ist das Neue Haus mit den großen Terrassen das vornehmste der zahlreichen Ausflugslokale in Hannover gewesen.

Der Eingang zur Eilenriede am Endpunkt der Straßen Schiffgraben und Theaterstraße war schon seit dem frühen 18. Jahrhundert Standort eines beliebten Ausflugslokals. Da das eigentliche alte Fachwerkgebäude ab 1820 ›Caffeehaus und Restauration zum Neuen Hause‹ genannt wurde, erhielt auch der Platz diesen Namen.

Nach den Plänen des Architekten Paul Rowald entstand 1894 ein repräsentativer Neubau als elegantes Konzertcafé. Die dazugehörigen Terrassen, einen großen Konzertgarten sowie die umgebenden Garten- und Parkanlagen schuf Gartendirektor Julius Trip. Der Vorplatz war mit üppigen Blumenrabatten ausgestattet. Bis in die 1920er Jahre war das Neue Haus das vornehmste der zahlreichen Ausflugslokale mit Attraktionen von Tierschauen bis zu Ballonfahrten vom Vorplatz. Der Platz wurde 1933 nach Otto von Emmich benannt, einem General, der im Ersten Weltkrieg gestorben war.

Den Majolika-Brunnen schuf das Berliner Künstlerpaar Martha und Hans Poelzig

1884 war am Endpunkt der Königstraße das ›Provinzial-Kriegerdenkmal‹ nach Plänen von Hermann Volz eingeweiht worden. Darauf waren die Namen aller im Deutsch-Französischen Krieg 1870/71 gefallen hannöverschen Soldaten aufgeführt. Das Denkmal wurde von vier Schmuckbeeten eingerahmt und mit niedrigen Zäunen vor dem Betreten geschützt. Die großen bronzenen Figuren – trauernde Hannovera, triumphierende Germania und zwei Löwen - wurden 1941 eingeschmolzen, der Rest abgebrochen.

Das Provinzial-Kriegerdenkmal von 1884.

Oben: Hohenzollernstraße, Ecke Eichstraße mit Kriegerdenkmal, Postkarte vor 1909. – Mitte: Blick in die Thiergartenstraße, Postkarte vor 1901. – Unten: Auf dem Foto des Neuen Hauses von 1900 ist auch die Schmuckbepflanzung zu sehen. Überreste von Mittelportal und Fensterbögen stehen heute vor der Musikhochschule fast noch am gleichen Platz.

Noch ein Schmuckbeet lag am Anfang der ›Thiergartenstraße‹. Mit Zierbananen, Palmen, Yucca und anderen tropischen Pflanzen hatte es die üppigste Bepflanzung. 1925 wurde dort der Reese-Brunnen mit einer expressionistischen Pflanzenskulptur aus Majolika im Auftrag des Goslarer Kaufmanns Hermann Reese errichtet. Trotz des empfindlichen Materials hat er bisher 90 Jahre überdauert.

Der ehemalige Weidendamm hieß ab 1868 Thiergartenstraße, da die Straße nun zum neuen zoologischen Garten führte. Nach 1901 fiel das ›H‹ der neuen Schreibweise Tiergarten zum Opfer, bevor die Straße 1916 nach Hindenburg benannt wurde. Für den Publizisten Herbert Ihering hatte der Flaniertreff eine besondere Note: »Der Streifen, der hinter dem Neuen Hause zwischen der damaligen Thiergarten- und Hohenzollernstraße liegt, war wie eine Fortsetzung der Villenstraßen, parkartig und exklusiv, ein Promenadenwald für ältere Herren und Kinderfräulein, ein aristokratischer Wald für Herren- und Damenreiter, und abgetrennt davon ein Wald für die radfahrende Jugend«.

Heute ist der Emmichplatz ein Verkehrsknotenpunkt. Das Neue Haus wurde bis 1970 als Lokal und Standort für die Landesbühne genutzt, dann musste es der Musikhochschule des Architekten Rolf Ramcke weichen. Der Sichtbetonbau schottet sich zur Fritz-Behrens-Allee und zum Emmichplatz hin ab, öffnet sich mit einer Arena zur Eilenriede und bildet so die Form eines Ohres. Diese architektonische Besonderheit ist aus der Luft gut zu erkennen. Das ehemalige Eingangsportal des Neuen Hauses ist vor die Hochschule für Musik, Theater und Medien Hannover gesetzt worden. ■

Die Vordere Eilenriede, aus großer Höhe fotografiert, ragt oben bis zum Emmichplatz, unten bis zur Bahnlinie, Kleefelder Straße und an die Stadthalle mit vorgelagerten Schießständen.

Die Eilenriede umschließt weiterhin das Gebiet des Zooviertels, im unteren Bildrand ist die Trasse des Messeschnellweges zu erahnen.

Stadtwald wandelt sich zum Waldpark

Wie stille ist's im Walde,
Kaum regt sich leis ein Blatt,
Bis hier reicht nicht das Brausen,
Das Treiben nicht der Stadt.
Bei dir ist Ruh und Friede,
Du traute Eilenriede.

Adolf Kiepert, 1910

Schon seit dem 14. Jahrhundert ist die Eilenriede im Besitz der Stadt Hannover. Das stellte im Mittelalter eine Besonderheit dar, weil damals die meisten Waldungen außerhalb der Stadtmauern dem Adel gehörten. Über viele Jahrhunderte wurde der Forst ausschließlich wirtschaftlich genutzt.

Das änderte sich 1894, wie es August Hoffmann zehn Jahre später eindringlich beschrieb: »Das Betreten der Waldflächen war ... dem Publikum gestattet. Fußwege waren da entstanden, wo man mit den Jahren gewohnheitsmäßig sich Bahn gemacht hatte. Die natürliche Folge solcher Zustände war bei dem Anwachsen der Bevölkerung, welche vornehmlich an Sonn- und Festtagen zu Tausenden ... in das Waldesinnere strömte, dass der Waldboden festgestampft und die Pflanzendecke verwüstet war. Solche Zustände in unmittelbarer Nähe der glänzendsten Straßenzüge Hannovers und eines sich am Waldesrande entwickelnden nunmehr fast völlig bebauten Villenviertels waren auf die Dauer unhaltbar. Man kam daher zu dem Entschluß, den vorderen Teil der Eilenriede umzuwandeln, stieß jedoch hierbei auf einen zähen Widerstand in der Mehrheit der Bürgerschaft. ›Kein Baum von der Eilenriede‹, so lautete die damalige Losung.«

Das vehemente Eintreten der Hannoveraner für den Schutz der Eilenriede hat also Tradition. Stadtgartendirektor Julius Trip ließ die neuen Gestaltungsvorstellungen erst auf einer kleineren Parzelle ausprobieren. Das Ergebnis kam bei der Bevölkerung so gut an, dass dann bis 1900 die ganze Vordere Eilenriede (67,24 ha) in einen Waldpark umgewandelt wurde.

»Ich bin des Tages müde, nimm auf mich, Eilenriede.« (Vers von Adolf Kiepert). Als Fotopostkarte etwa um 1900 erschienen.

Ein komplett von Bebauung umschlossener Wald nahe der Innenstadt wie die Eilenriede ist in Deutschland eine Seltenheit.

»Vornehmstes Princip bei dieser Umwandlung war eine vorsichtige allgemeine Lichtung … unter Bewahrung alter und schöner Standbäume zu kleinen malerischen Wiesen. Durch die Lichtung war die Möglichkeit gegeben, in landschaftlich malerischer Weise … durch geeignete Baum- und Straucharten sowie eine dichte Rasennarbe und Massenanpflanzung einheimischer Waldblumen, Stauden und Farne für eine das Auge erfreuende Bodendecke, dem Waldparkcharakter entsprechend, zu sorgen. Große, blühende Rhododendrongruppen trugen wesentlich dazu bei, das Waldbild farbenprächtiger und anziehender zu machen«, heißt es bei Grünflächenfachmann Hoffmann weiter.
Die besonders breiten Wege sollten verhindern, dass jemand die neuen Pflanzungen betrat. Wie auf Postkarten um 1900 zu erkennen ist, wurden dennoch niedrige Zäune aufgestellt. Die Umgestaltung der Stadtwälder in Waldparks war damals auch in anderen Städten wie Dresden modern. Die Wegeführung ist wie in Landschaftsgärten geschwungen, Schneisen und Wiesenflächen sollen den Spaziergang abwechslungsreicher gestalten. Neben den großen Waldwirtschaften Lister Turm und Neues Haus gab es kleinere Kioske, ursprünglich gedacht für den Ausschank gekühlter Milch.
Die Eilenriede ist immer noch sehr beliebt bei den Hannoveranern. Die Werbung mit ›Deutschlands größtem Stadtwald‹ ist jedoch nicht richtig, da andere Städte deutlich größere Waldungen haben, die aber meist an der Peripherie liegen. Ein komplett von der Bebauung umschlossener Wald, der fast an die Innenstadt heranreicht, ist schon eine Besonderheit.
Die vor mehr als 100 Jahren angelegten Wiesenflächen der Eilenriede werden zwar noch von Bewuchs freigehalten, doch der Waldpark mit Rhododendren hat sich wieder in einen Laubmischwald mit Eichen und Buchen zurückentwickelt. Verstreut sind zahlreiche Plastiken und Denkmale zu finden, die aber in einem Wald eher deplatziert wirken. ■

Vor der Umgestaltung fehlten der Eilenriede abgegrenzte Wege, wie auf der oberen Postkarte (1890) ersichtlich. Auf der unteren (1912) waren die Wege dann eingesäumt, um Rasen und Stauden zu schützen.

Das Zooviertel mit dem noch unbebauten Bereich zwischen Stadthalle, Ulanenkaserne (unten links) und Zeppelinstraße mit Oberpostdirektion und Villenbebauung (oben).

Die alten Kasernenflächen wichen weiteren Hallen des Hannover Congress Centrums (HCC), auf dem ehemaligen Schießplatz liegt nun das Eilenriedestadion.

Als Vorbild diente das römische Pantheon

Am Vorabend des Ersten Weltkriegs: Hannover feiert Einweihung der neuen Konzerthalle im Juni 1914. Unter der Kuppel haben 3500 Besucher Platz.

Die Stadthalle mit dem Kuppelsaal, heute das Herz des Hannover Congress Centrums (HCC) im Zooviertel nahe der Eilenriede, ist eines der markantesten Bauwerke der niedersächsischen Landeshauptstadt. Die Einweihung der damals rund vier Millionen Mark teuren Stadthalle war im Juni 1914. Das historische Ensem-

Zooviertel ist eine der bevorzugten Wohnlagen geblieben

ble besteht aus einem Vorbau, einem Rundbau mit großer Kuppel, die das römische Pantheon als Vorbild hat, einem Restaurationstrakt mit Festsälen und einer Ausstellungshalle. Im runden Kuppelsaal – mit einem Durchmesser und einer Höhe von jeweils 42,5 Metern – ist Platz für 3500 Zuhörer und 750 Künstler.

Die Planung für eine große Konzerthalle hatte bereits 1905 auf Initiative einer Musikfestkommission aus Vertretern der Musikvereine, des Fremdenverkehrsvereins und des Heimatbundes begonnen. Entworfen haben den Gebäudekomplex die Stuttgarter Architekten Paul Bonatz und Friedrich Eugen Scholer, die seinerzeit den ›Wettbewerb zur Erlangung von Entwürfen für den Bau einer Stadthalle nebst Ausstellungshalle‹ unter 84 eingereichten Arbeiten gewannen.

An der Südseite der Stadthalle liegen in breiter Front Café, Restaurant und Gesellschaftsräume mit vorgelagerten Terrassen zum Garten, dem heutigen Stadtpark. Für die ursprüngliche Gestaltung des Stadthallengartens war der städtische Gartendirektor Hermann Kube verantwortlich. Mittig auf die Kuppel der Stadthalle bezogen liegt ein großes, langgestrecktes Wasserbecken mit illuminierter Fontäne, beidseitig eingerahmt von einer doppelreihigen Lindenallee, die in einem Rasenplatz mündet. Zwi-

2014 konnte Hannover das 100-jährige Bestehen seiner Stadthalle begehen, hier in einer Ansicht von 1915/16.

Die neue Oberpostdirektion, um 1912 aufgenommen.

schen Stadthalle und Wasserbecken erstreckt sich eine ausgedehnte Terrassenanlage über mehrere Ebenen mit Konzertmuschel und Musikpavillon. An den 500 Tischen können mehr als 2000 Gäste bewirtet werden.

Das muntere Treiben im Kaffee- und Biergarten währte zwar nur einen Sommer, aber im Kuppelsaal wurden selbst in den Kriegsjahren noch Orgelkonzerte und andere Aufführungen angeboten. Mit der schwierigen Akustik hatte man schon damals zu kämpfen.

1916 wurde das Kupferdach abgenommen, für Rüstungszwecke eingeschmolzen und mit Bahnen aus Teerpappe ersetzt. Ob die alten Luftbilder noch das alte Kupferdach zeigen, ist wegen der vorliegenden Schwarz-Weiß-Aufnahmen schwer zu erkennen. Bei zwei Fotos deuten helle Flecken als Reflexion des Sonnenlichts noch auf eine Kupferabdeckung hin. Das würde bedeuten, dass die Bilder 1915 oder spätestens im Frühsommer 1916 aufgenommen wurden. Das Gebiet des heutigen Zooviertels, damals Kleine Bult genannt, wurde 1859 von Hannover eingemeindet. Es war eine bis dahin eher karge, landwirtschaftlich genutzte Fläche. Ende des 19. Jahrhunderts entwickelte sich das Viertel zu einem bevorzugten Wohnquartier gut- bis großbürgerlicher Schichten.

Südlich der Seelhorststraße dominierte um 1900 noch die militärische Präsenz. Im großen Komplex der Bultkaserne war ein Füsilier-Regiment stationiert. Ihren Schießplatz hatten die Infanteristen weiter östlich auf dem Gelände des heutigen Eilenriedestadions. Nicht weit entfernt in der Schackstraße lag das große Areal der Ulanen Reiterkaserne. Die Verwaltungs- und Mannschaftsgebäude standen entlang der Straße, für die höheren Offiziere gab es ein Villengebäude. Von Oktober 1911 bis März 1912 zogen weit über 100 Postbeamte der Oberpostdirektion Hannover von der Theaterstraße zur Zeppelinstraße um. Das große Gebäude liegt auf der anderen Straßenseite des neu entstandenen Villenviertels und wurde buchstäblich auf die grüne Wiese gebaut. Es ist als Solitär vergleichsweise überdimensioniert, wahrscheinlich gab es Pläne, in Zusammenhang mit dem Stadthallenbau hier andere große Baueinheiten zu etablieren, was dann durch den Ausbruch des Ersten Weltkriegs verhindert wurde.

Heute dominieren das Hannover Congress Centrum mit Stadthalle, weiteren Veranstaltungsgebäuden und Stadtpark das Bild. Die militärische Nutzung verschwand, das Zooviertel aber ist eine der bevorzugten Wohn- und Bürolagen der Stadt geblieben. ■

Sall- und Geibelstraße

Die markanten Geraden, die sich unten in der Mitte treffen, sind die Sall- (von links nach rechts) und die Geibelstraße mit dem Stephansplatz (Mitte oben).

An den schon 1915 angelegten Straßen wurden in den 1920er und 1930er Jahren neue Wohnblocks gebaut.

Südstadt verfügt frühzeitig über komplettes Straßennetz

Schon 1895 ist das Straßennetz der Südstadt auf dem Stadtplan in Meyers Konversationslexikon bis zum heutigen Altenbekener Damm komplett eingezeichnet. Wie in der Oststadt wurden die Straßen schachbrettartig angelegt, entlang der Sallstraße jedoch mit größeren Plätzen gegliedert.

Historische Wege und Straßen wie Die Große Barlinge, An der Questenhorst und In der Tiefenriede wurden bei der Stadtplanung teilweise in ihrem ursprünglichen Verlauf mit einbezogen, aber oft begradigt und versetzt. Im Stadtplan von 1910 reicht die Entwicklung bis zum Engesohder Friedhof. 1916 sind die meisten Straßen um Stephansplatz, Bertha-von-Suttner-Platz, Geibel- und Sallstraße dann bereits vollständig angelegt, obwohl mit einem großen Teil der Bebauung noch nicht begonnen worden war. Die Bebauung wurde in der Gründerzeit nicht immer blockweise fertiggestellt. Oft wurden die Eckhäuser zuerst errichtet, und die Lücken in den Straßenzeilen später geschlossen.

Baukanten an den großen Straßen Geibel- und Sallstraße waren schon komplett, während Nebenstraßen noch am freien Feld lagen. Mit dem Ersten Weltkrieg fand der Bauboom der Gründerzeit ein jähes Ende. Sonst wären an den bestehenden Straßenzügen sicherlich innerhalb weniger Jahre weitere Wohnhäuser entstanden. So gab es aber einen fast 15-jährigen Baustopp.

Anhand der Straßenbäume ist der Ausbau des Straßennetzes gut ablesbar. Auf dem Stephansplatz, dem westlichen Teil der Geibelstraße und dem nördlichen Teil der Sallstraße dürften die Bäume schon um 1900 gepflanzt worden sein, weil die Kronen bereits gut entwickelt sind. Sinnvollerweise wurden die

Oben: Karl Hapkes Federzeichnung aus den 1930er Jahren zeigt die Alte Kate hinter dem Hochhaus ›Glückauf‹. Unten: Sallstraße mit St.-Heinrich-Kirche an Fronleichnam 1951.

Rund um den Bertha-von-Suttner-Platz sind markante Wohnblocks im Stil des sogenannten Backsteinexpressionismus entstanden.

Straßenbäume immer erst nach Fertigstellung der Gebäude gepflanzt, da sie den Baustellenbetrieb wohl kaum überlebt hätten. Auch die Baumgruppen auf dem Bertha-von-Suttner-Platz dürften zum Zeitpunkt der Luftaufnahme schon 10 bis 15 Jahre alt gewesen sein.

Nach dem Krieg waren viele frühere mittelständische Bauherren durch wertlos gewordene Kriegsanleihen nicht mehr solvent. Außerdem hatte die Inflation Anfang der 1920er Jahre die Ersparnisse wertlos gemacht. Zu dieser Zeit lebten in Hannover Tausende Obdachlose, und die Arbeiter mit einem Dach über dem Kopf hausten meist in überfüllten Mietskasernen der Gründerzeit.

Ab Mitte der 1920er Jahre wurden daher wie in anderen deutschen Städten Großsiedlungen für Familien als Teil des sozialen Wohnungsbaus der Weimarer Republik geplant. Nahe des Bertha-von-Suttner-Platzes entstanden unter Stadtbaurat Karl Elkart bis Anfang der 1930er Jahre markante Wohnblocks im Stil des sogenannten Backsteinexpressionismus: Die meist dunklen Klinker erzeugten durch geschickte Anordnung der Steine ein Spiel von Licht und Schatten. Linien, Bänder, Dreiecke und andere Ornamente verliehen den eher dunklen Gebäuden eine auffällige Struktur.

Nach dem Ersten Weltkrieg fehlt es am nötigen Geld für den Wohnungsbau

An der Kreuzung Sallstraße und Geibelstraße prallen die Baustile der Zeit vor und nach dem Ersten Weltkrieg direkt aufeinander, vermischen sich in einzelnen Straßenzügen sogar. Bestes Beispiel dafür ist die eine Baulücke nutzende katholische St.-Heinrich-Kirche des Architekten Eduard Endler mit ihrem markanten kubischen Turm mit 14 Meter langen Kanten und einer Höhe von 30 Metern. Der Wechsel von großen Flächen, tief eingeschnittenen Bogenschlitzen und Zick-Zack-Ornamenten machen ihn unverwechselbar. ■

Oben: Geibelstraße, Ecke Bodenstedtstraße, 1916.

Unten: Geibelstraße, Ecke Sallstraße mit Blick auf das ›Glückauf‹-Hochhaus am Geibelplatz, 1932.

Am Wehr wird die Leine über den Schnellen Graben in die Ihme abgeleitet. Daneben steht auf einer Wurt die Bismarcksäule. Die gerade Linie ist die einstige Bahntrasse.

Maschsee statt Maschwiesen mit Bismarckturm. Die Brücke über die Leine am Ohedamm in der Bildmitte erinnert noch an die alte Bahnlinie.

Züge rollten über Altenbekener Damm

Bevor in den 1930er Jahren der Maschsee entstand, war die Eisenbahn bis 1909 schnurgerade durchs Überschwemmungsgebiet der Leine gefahren.

Im Jahre 1872 wurde die Bahnstrecke Hannover–Altenbeken eröffnet, die einen großen Bogen um den Süden der damaligen Stadtgrenze machte. Da eine direkte Ost-West-Verbindung durch die Innenstadt nicht machbar war, musste eine möglichst kurze Strecke über Leine- und Ihme-Masch südlich des Schnellen Grabens gefunden werden.

Zunächst zweigte die Bahnverbindung von der Nord-Süd-Trasse nach Westen ab. Dann wurden Leine und Ihme mit Brücken überquert und die Gleise wegen der Überschwemmungsgefahr über einen Damm geführt. Ab 1909 rollten die Dampfzüge auf der noch heute genutzten Trasse der Güterumgehungsbahn weiter südlich, sodass der Bahndamm in die Straßenplanung einbezogen werden konnte. Da die ehemalige Aufschüttung viel Platz beansprucht hatte, ist die Straße eine der breitesten Wohnstraßen Hannovers. Den Namen Altenbekener Damm erhielt sie 1912. Am westlichen Maschseeufer ist die alte Bahntrasse noch deutlich auf dem Ohedamm mit der mächtigen Eisenbrücke über die Leine erkennbar.

1915 war der Altenbekener Damm die südliche Grenze der Südstadt. Zu den Maschwiesen führte eine neue Straße, das heutige Rudolf-von-Bennigsen-Ufer. Links und rechts davon begleiteten eine doppelreihige Allee und eine Baumreihe die Promenade. Südlich des Altenbekener Damms ist noch eine in die Maschwiesen hineinragende Fabrik oder Manufaktur mit großen Hallen auszumachen. Auf der anderen Straßenseite steht das gerade gebaute Kaiser-Wilhelm-Gymnasium, »ein staatliches Gymnasium neben den beiden

Postkarte der Bismarcksäule, etwa um 1905 gedruckt.

Im Winter (oben) waren die Maschwiesen ein Paradies für Schlittschuhläufer, im Sommer (Mitte) für badende Jungen, beide Fotos von 1910. Das Luftbild (unten) zeigt die Masch etwa 20 Jahre später mit der Bismarcksäule im Hintergrund.

städtischen Lyzeen. Es wurde deshalb in der Hauptsache von den Söhnen von Offizieren und Beamten besucht«, vermerkte der Publizist Herbert Ihering.

Mitten in den Maschwiesen zwischen Geibelstraße und Schnellem Graben wurde in der Nähe des Wehrs, über das seit dem 17. Jahrhundert der größte Teil des Leinewassers zur Ihme fließt, die Bismarcksäule angelegt. Nach Plänen von Alfred Sasse entstand von 1903 bis 1904 ein 20 Meter hoher Turm, auf dessen Spitze sich eine von vier Drachenköpfen umgebene Feuerschale befand. Das Denkmal, von der hannoverschen Studentenschaft gestiftet, konnte bis zu einer Aussichtsplattform bestiegen werden.

Die Maschwiesen als beliebtes Erholungsgebiet der Hannoveraner waren im Winter oft überschwemmt und schnell zugefroren, sodass in jedem Jahr Schlittschuhlaufen möglich war. »Wenn die Blätter fallen und der gestrenge Winter mit Schnee und Eis seinen Einzug hält, dann strömt blitzenden Auges und mit roten Wangen jung und alt zu den herrlichen spiegelglatten Eisflächen der Teiche im Georgengarten und im Maschpark oder zu der gewaltigen unabsehbaren Eisbahn der überfluteten Masch, die nach Eintritt der Nacht durch eine große Zahl elektrischer Bogenlampen erhellt wird«, beschrieb Adolf Kiepert das Treiben 1910.

Zwischen 1934 und 1936 entstand im Zuge von Arbeitsbeschaffungsmaßnahmen der fast 80 Hektar große Maschsee. Dabei wurde 1935 die Bismarcksäule abgebrochen. Die

Die 20 Meter hohe Bismarcksäule muss 1935 dem Bau des Maschsees weichen

Maschseequelle wird heute nur noch sporadisch benutzt, weil zu viele Schwebpartikel aus der Leine die Verlandung vorantreiben. Deshalb werden seit 1960 jährlich bis zu zwei Millionen Kubikmeter Wasser aus den Ricklinger Kiesteichen in den Maschsee gepumpt, um den Wasserspiegel, der durch Versickerung und Verdunstung stetig sinkt, konstant zu halten. ■

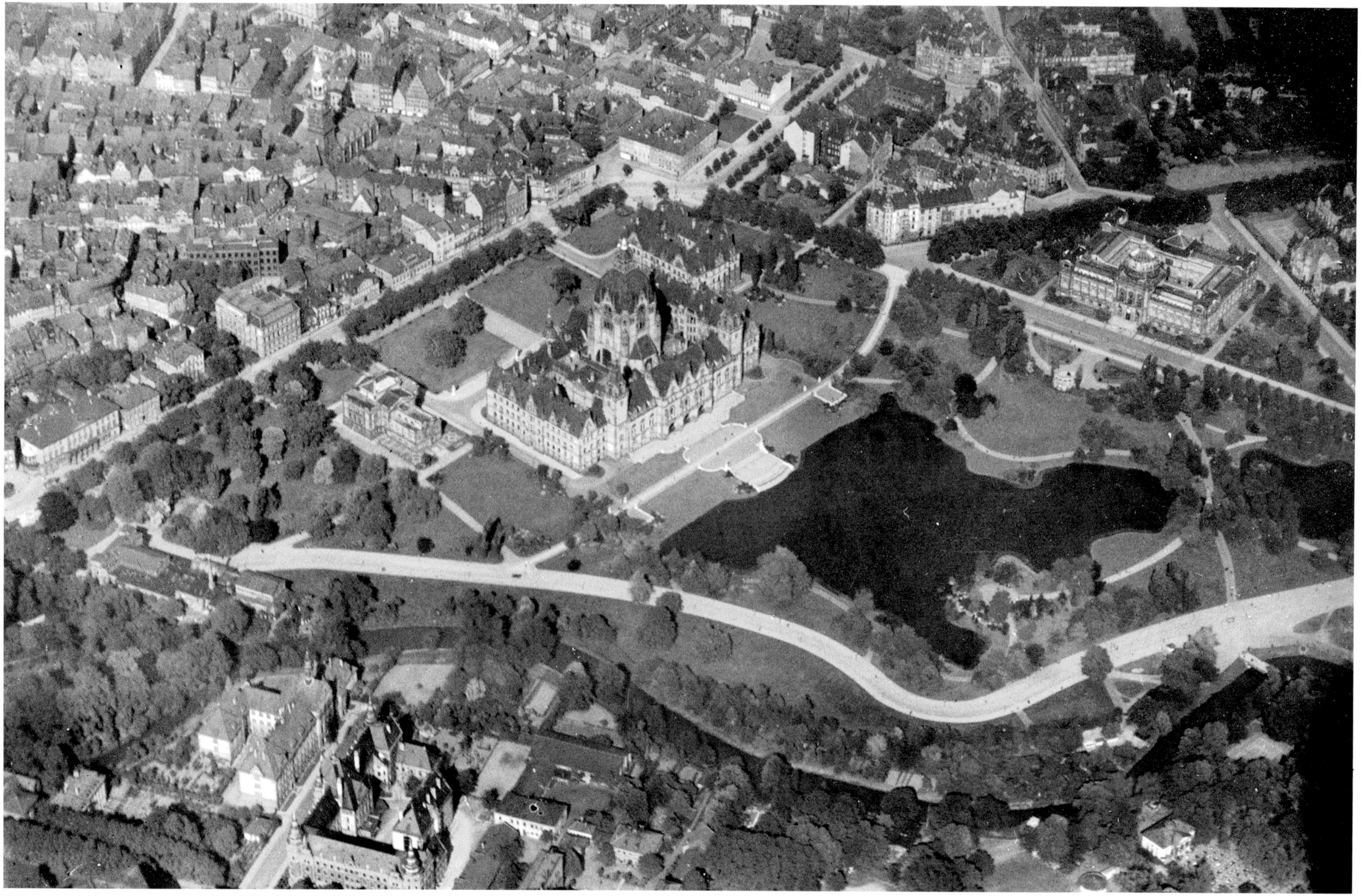

Wilhelminische Prachtbauten am Teich des Maschparks: Das Neue Rathaus mit Kestner-Museum (links daneben) und Provinzialmuseum im rechten Winkel.

Der Maschpark mit Rathaus und Landesmuseum sind Konstanten in der Nachkriegsbebauung.

Glanzstück von Stadtgartendirektor Trip

Der Landschaftsgarten war schon fertig gestaltet, als hinter dem gefluteten Maschteich der Grundstein für Hannovers Neues Rathaus gelegt wird.

Eine Besonderheit bei großen Bauvorhaben konnte man Anfang des 20. Jahrhunderts in Hannover erleben. In der Regel wird mit dem Garten erst nach der Fertigstellung eines Gebäudes begonnen. Der Maschpark, für Grünflächenfachmann August Hoffmann »ein herrliches Fleckchen Erde, wie es an so bevorzugter Stelle kaum eine andere Großstadt aufweisen kann«, war schon fertig angelegt, als beim Neuen Rathaus gerade der Grundstein gelegt wurde. Auf den ersten Fotos des Maschparks führt die große Freitreppe hinter dem Maschteich noch ins Grüne.

Der Autor und Verleger Adolf Kiepert schwärmt 1910: »Wo im Süden der Stadt vor wenigen Jahren noch kahles Wiesengelände sich hinzog, erstand, wie von einem Zauberstabe berührt, ein herrlicher Park mit welligem Terrain, sanft ansteigenden Rasenflächen, malerischen Felspartien, kleineren Seen, reizvoll angeordneten, schattenspendenden Baumgruppen, üppigem, blütenreichem Strauchwerk. Immer neue anmutige Bilder in grünumranktem Rahmen bietet diese geniale Schöpfung des Stadtgartendirektors Trip dem Auge in reichem Wechsel … [Es] umschließen stolze Prachtbauten, über die der Stadt Türme freundlich herübergrüßen, auf drei Seiten den Maschpark. Im Hintergrund steigt aus grünen Matten der Masch der Bismarckturm auf, dahinter dehnen sich weite Wälder und freundliche Ortschaften, während in duftigem Blau die Ketten der Hildesheimer Berge, des Os-

Oben Hannovers Provinzialmuseum, vor 1907, und unten das Rudolf-von-Bennigsen-Denkmal, 1910.

Oben: Maschwiesen mit Blick auf die Altstadt (vor 1900) mit Kestner-Museum (links), Markt- und Aegidienkirche vor dem Bau des Neuen Rathauses. Den Maschpark zwischen 1903 und 1907 zeigen die zwei übrigen Fotos: Blick zum (Mitte) und vom Provinzialmuseum (unten).

terwaldes und des Deisters den Horizont begrenzen.«
Sicherlich waren die letztgenannten Berge damals schon am besten vom Rathausturm zu sehen. Der Maschpark ist heute noch eine wichtige Grünverbindung von der Innenstadt über den Maschsee in die Leineaue.
Der Park, die wichtigste Anlage des ersten hannoverschen Stadtgartendirektors Julius

Das wuchtige Provinzialmuseum entstand an der Wiege des 20. Jahrhunderts

Trip (1857–1907), ist ein gutes Beispiel des ›Zonierten Landschaftsgartens‹: Regelmäßige Partien vor den großen Gebäudekomplexen Neues Rathaus und Provinzial-Museum gehen in landschaftlich gestaltete Bereiche über. Der erste Spatenstich wurde 1899 gesetzt. Mit dem Aushub des Maschteichs entstanden entlang der Culemannstraße ein Damm gegen Leineüberschwemmungen und ein Hügel für die Felspartie vis-à-vis des Neuen Rathauses. Die Flutung des Teichs begann 1902, abschließende Arbeiten wurden erst 1913 nach Fertigstellung des Rathauses erledigt. Auf der Felspartie wurden Steingartengewächse gepflanzt, um die Baumgruppen zogen sich große Blatt- und Blütenstauden, und der Teich war »mit Fischen und über 100 Sorten Wasserpflanzen« (August Hoffmann) besetzt. Einige Jahre war der Blick über den Maschteich zu den Kirchen der Altstadt noch möglich, bis das Neue Rathaus die Sicht versperrte.
Das wuchtige Provinzialmuseum, heute Niedersächsisches Landesmuseum Hannover, ist zwischen 1897 und 1902 entstanden, als der Platz im Künstlerhaus in der Sophienstraße nicht mehr für die umfangreichen Sammlungen ausreichte. Gegenüber wurde 1907 im Maschpark die Exedra, ein Sockelring vor Säulenhalbrund, mit dem Rudolf von Bennigsen-Denkmal für den ehemaligen Oberpräsidenten der Provinz Hannover erstellt. ■

Das Gebäude-Ensemble am Trammplatz 1915: Zur Linken des Neuen Rathauses die Bauverwaltung, zur Rechten das Kestner-Museum, oben links das Provinzialmuseum.

Das Neue Rathaus ist fast das einzige Gebäude aus der Zeit vor dem Ersten Weltkrieg, zusammen mit dem Laveshaus am mittleren unteren Bildrand.

Marktkirche überragt weltliche Macht

Hoch reckt Dein stolzer Kuppelbau
Empor sich übers Häusermeer,
Als wackrer Hüter hält er Schau
Weit in die Lande ringsumher.

Adolf Kiepert, 1910

Mächtig erhebt sich, aus den herrlichen Anlagen des Friedrichswalles emporsteigend und selbst die höchsten Türme der Stadt überragend, der Monumentalbau des ›Neuen Rathauses‹, ein Sinnbild unerschütterlichen Gemeinsinns, stolzen Selbstgefühls, willensstarker Tatkraft und verständnisvollen Weitblicks, der nicht nur die Forderungen der Gegenwart, sondern auch den Bedürfnissen der Zukunft nach Möglichkeit Rechnung trägt.« Diese Hymne stammt aus der Feder des Verlegers und Dichters Adolf Kiepert in dem von ihm verfassten Band ›Hannover in Wort und Bild‹ von 1910.

Ganz richtig ist es nicht, dass das Rathaus die höchsten Türme der Stadt überragt. Es ist 97,73 Meter hoch, die mittelalterliche Marktkirche misst inklusive des Wetterhahns 98 Meter. Die weltliche Macht übertrumpft ergo nicht das kirchliche Wahrzeichen. Das Neue Rathaus wurde nach Plänen des Architekten Hermann Eggert auf 6026 Buchenpfählen errichtet, da die feuchten Maschwiesen eine Betongründung nicht zuließen.

Westlich des Rathauses steht seit 1889 das im Stil der Neorenaissance erbaute Kestner-Museum, als östliches Pendant wurde die Bauverwaltung errichtet. Das Baugrundstück war Teil der baumbestandenen Promenadenanlage am Friedrichswall. »Etwa 60 starke Bäume sind vom Friedrichswalle … auf 200 bis 400 Meter fortbewegt und nach dem Maschparke verpflanzt worden. Der stärkste der zu transportierenden Bäume, eine Blutbuche von 16 Metern Höhe und 80 cm Stammdurchmesser, besaß einen Erdballen von 5 m im Quadrat und 1,40 m Tiefe und einem Gewicht von etwa 900 Zentnern. Von den Bäumen wur-

Großbaumverpflanzung auf dem Bauplatz der Bauverwaltung. Im Hintergrund die Friedrichstraße, heute Friedrichswall, mit der Einmündung der Erhardtstraße.

Der Kuppelbau, 1913 nach mehr als zehnjähriger Bauzeit eingeweiht, fußt auf 6026 Buchenpfählen, weil der feuchte Untergrund der Maschwiesen eine normale Betongründung nicht zuließ.

de nur ein kleinerer Teil mit Frostballen versetzt, bei allen übrigen wurde der Erdballen fest umzimmert und mit Bohlen und Balken unterbaut und auf diese Weise verpflanzt«, beschrieb Grünflächenfachmann August Hoffmann damals die im großen Stil vorgenommenen Baumverpflanzungen.

Die Buchengruppe wuchs gut an, die meisten der Bäume stehen heute noch am nordöstlichen Teil des Maschteichs zwischen Landesmuseum und Neuem Rathaus. Die Bauverwaltung wurde im Zweiten Weltkrieg zerstört, das Gelände ist heute Teil des Maschparks. Das Neue Rathaus traf bei den Luftangriffen nur eine Bombe an der Maschparkseite, die den Ratssaal zerstörte. Immer noch beeindruckend ist die Kuppelhalle mit den vier Stadtmodellen, die Hannovers Entwicklung vom 17. Jahrhundert bis heute zeigen.

Auch wenn der alte Aufzug einem technisch moderneren Modell weichen musste, fährt mittlerweile seit mehr als 100 Jahren der schräge Fahrstuhl auf die Kuppel des Rathauses. Dort eröffnet sich ein fantastischer Blick über Hannover, heute noch die ›Großstadt im Grünen‹. ■

Oben: Die Aufnahme vom Neuen Rathaus wurde 1910 von der Brücke im Maschpark gemacht, also drei Jahre vor der Einweihung des Bauwerks. Unten: Das Foto des Maschparks entstand 1901, kurz nach der Flutung des Teichs. Die großen Bäume waren gerade verpflanzt worden, der Rathausbau (ganz rechts im Bild) hatte aber noch nicht begonnen.

Bildeten damals eine waagerechte Linie (Bildmitte): Die Hildesheimer Straße (links) mit dem Aegidientorplatz und der Georgstraße bis zum Kröpcke.

Die frühere gerade Linie von Hildesheimer Straße und Georgstraße wurde leicht gekrümmt, der Aegidientorplatz stark vergrößert.

Pforte zum Obst- und Gemüsegarten

Namensgeber war der heilige Aegidius, Gründer und Abt des Klosters Saint Gilles in der Provence. Er ist der Schutzpatron von stillenden Müttern und Hirten.

Das Aegidientor war das Haupttor der mittelalterlichen Stadt zum Süden und zur Straße nach Hildesheim hin. Die alten Toranlagen wurden schon im 18. Jahrhundert abgerissen, und der Platz erfuhr bis ins 20. Jahrhundert mehrfach Veränderungen. 1915 ist das Aegidientor durch eine quadratische Form mit großen, repräsentativen Geschäftsgebäuden gekennzeichnet.

Die Ursprünge der Südstadt vor dem Aegidientor gehen bis weit ins 18. Jahrhundert zurück. Damals hieß sie noch Gartenstadt. Der Name stammt von den vielen kleinen Gärtnereien der ›Gartenleute‹. Gartenkünstler Christian Schaumburg, der Schöpfer des Georgengartens, schrieb 1832: »Die hiesige große ›Gartengemeinde‹ bildet eine eigene Abtheilung in der Bevölkerung vor Hannover, und in ganz Deutschland gibt es, ausser Bamberg, keine Stadt, die, im Verhältniss zu ihrer Größe und Bevölkerung, soviel Gärtner dieser Art besitzt, als Hannover. Die Gartenkunst wird hier nur als ein Zweig der Industrie betrachtet, indem die starke Bevölkerung der großen Gemeinde ihren Lebensunterhalt in der Erzielung von Gemüse und Obst zu suchen gezwungen ist … Nicht allein die Residenz wird mit gutem Gemüse versehen, sondern es werden auch die Märkte zu Zelle, Hildesheim, Rehburg, Nenndorf und Pyrmont regelmäßig zweimal die Woche von ihnen bezogen«.

Diese Gartenleute wurden in der Umgangssprache auch ›Gartenkosaken‹ genannt. Kosaken ist eine Verballhornung von Koth-Sassen, also Bewohner von kleinen Hütten oder Ka-

Die Aegidienkirche wurde 1943 im Bombenhagel zerstört. Ihre Ruine ist heute eine Gedenkstätte.

Oben: 1910 am Aegi, schon mit Hansa-Haus und Blick in die Marienstraße mit Gartenkirche. Mitte: 1905, Aegidientorplatz und Georgstraße. Unten: 1904, vom Turm der Gartenkirche über die Marienstraße in Richtung Aegi und Aegidienkirche geschaut. Das Rathaus ist im Bau und noch nicht zu sehen.

ten. Schon in den 1830er Jahren begann eine stetige Verdrängung der Gartenleute durch Wohnbebauung. Familien wie die Kestners und von Arnswalds ließen sich hier Häuser errichten. Ziergärten ersetzten die Gemüsegärten.

Ost-West-Verbindung von Marienstraße zur Altstadt ist nicht mehr erlebbar

Die ursprüngliche Gartenkirche aus der Mitte des 18. Jahrhunderts war vier Generationen später zu klein für die gewachsene Gemeinde geworden. Das Bauwerk wurde 1891 durch die vom Architekten Rudolph Eberhard Hillebrand erbaute neugotische Hallenkirche aus Deistersandstein ersetzt. Die Spitze des 85 Meter hohen Kirchturms – der zweithöchste in Hannover – fiel den Zerstörungen im Zweiten Weltkrieg zum Opfer und wurde nicht wieder aufgebaut. Die Monduhr am Kirchturm – eine Halbkugel, halb mit Blattgold belegt, halb schwarz lackiert – existiert aber noch und zeigt die Mondphasen an.

Die Marienstraße ist Teil des alten Fahrwegs nach Misburg und Kirchrode, benannt nach Marie, der letzten Königin Hannovers. Von der Hildesheimer Straße führt der Weg über den Aegidientorplatz in die Georgstraße bis zum Kröpcke, eine Linie, die heute durch die neue Verkehrsführung über den Aegi nicht mehr erlebbar ist. Die große Ost-West-Verbindung von der Marien- in die Breite Straße der Altstadt ist heute komplett abgehängt. Der Platz, auf dem einst von sechs Seiten Straßenbahnlinien heranführten, war mit einem großen ovalen Schmuckbeet gestaltet.

Der Aegidientorplatz ist heute viel größer als vor dem Ersten Weltkrieg, auch die Verkehrsführung zum Friedrichswall wurde verändert. Die unteren Fassadenstockwerke der zwei Gebäude links und rechts zur Marienstraße hin, sind die einzigen Überreste der Vorkriegsbebauung. ■

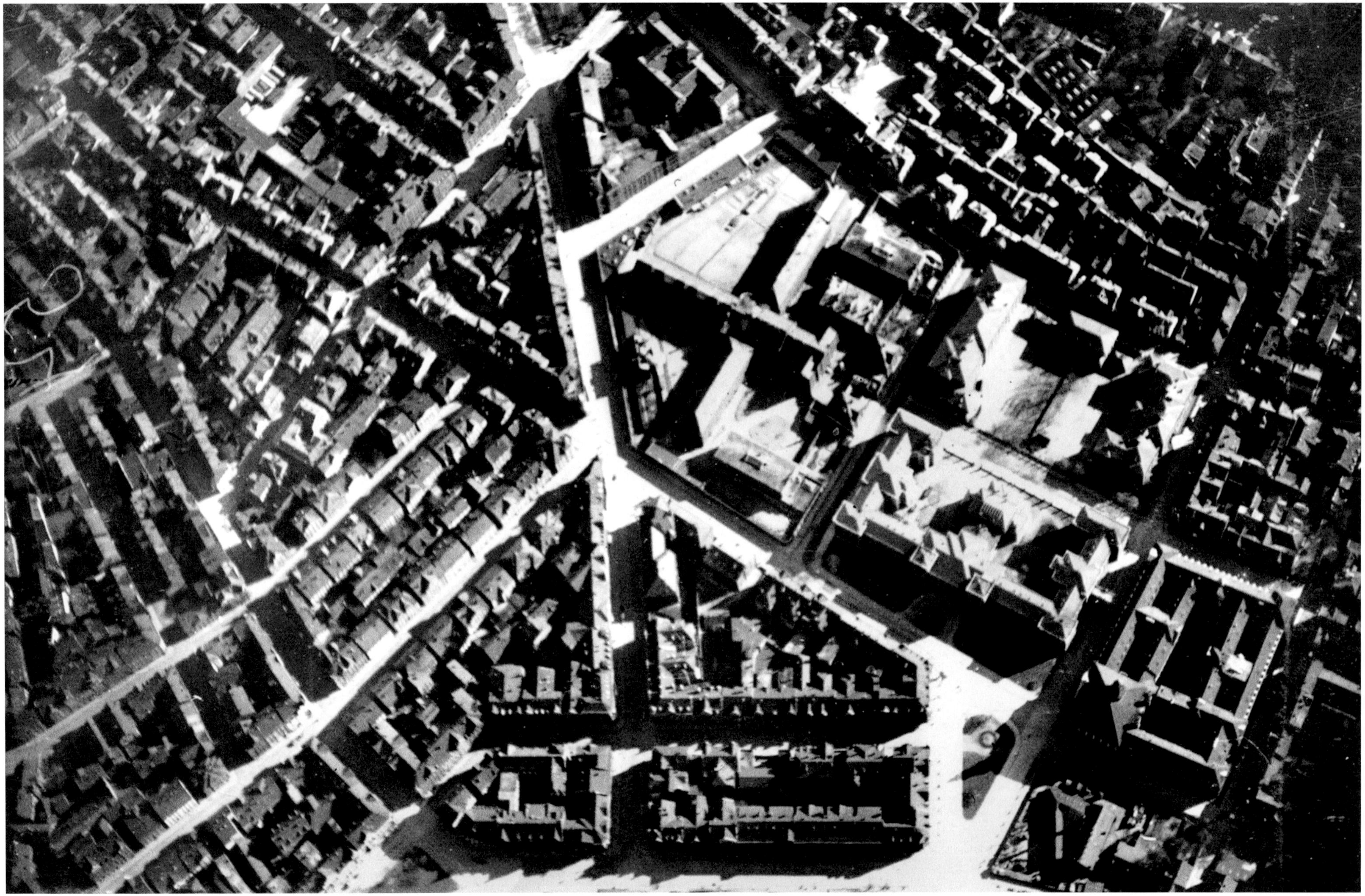

Hinterm Hauptbahnhof ist am Volgersweg das Alte Justizgebäude (rechts unten) zu erkennen, links daneben steht das im Zweiten Weltkrieg beschädigte Gerichtsgefängnis.

Raschplatz, Hochhäuser, Raschplatz-Pavillon, Hochstraße: Nichts erinnert direkt hinterm Bahnhof mehr an die Zeit vor 100 Jahren.

Hoffnungsbirke sprießt auf Knastmauer

Hinterm Bahnhof – das ist in Hannover um 1900 die Bezeichnung für eine schlichte Wohngegend mit Mietshäusern und kleinen, meist auch noch bebauten Hinterhöfen. Zwar waren einige der im späten 19. Jahrhundert hier vorhandenen Industriebetriebe verlagert worden, aber neben der schlechten Luft durch den Qualm und Ruß der Lokomotiven gab es viele Gewerbebetriebe, deren Emissionen die Wohnqualität weiter verschlechterten.

Bordelle und Kaschemmen prägten das Gelände nördlich des Bahnhofs direkt am Bahn-

Nahe der Straßen mit schlechtem Leumund hat Justiz ihr Hauptquartier

damm, die Ludwigstraße hat eine lange Tradition als Ort der Prostitution. Ganz in der Nähe der übel beleumdeten Gegend liegen die Gebäude der Judikative. Aus der Bahnhofshalle tretend findet man rechts am Volgersweg das 1888 erbaute Justizgebäude, im Volksmund auch ›Justizpalast‹ oder ›Justizpalais‹ genannt. Das Amtsgericht Hannover ist mit einem anderen Justizgebäude durch einen Verbindungsgang im ersten Obergeschoss verbunden, der sogenannten ›Beamtenlaufbahn‹.

Direkt daneben befand sich der Block des Kaiser-Wilhelm-Gymnasiums und des Lehrerseminars. Das Gerichtsgefängnis komplettierte die großen Bauten. Es wurde ab 1865 errichtet, ging aus dem Königlichen Zellengefängnis hervor und wurde danach mehrfach erweitert. Bis zu 800 Häftlinge konnte der fünfeckige Komplex aufnehmen.

Im frühen 20. Jahrhundert war die ›Hoffnungsbirke‹ einer der bekanntesten Bäume der Stadt. Warum, das beschreibt der Publizist Theodor Lessing 1925: »Hinter dem Bahnhof der Stadt Hannover im totesten, seelenlosesten Steinwüstenbezirk an der Celler Straße liegt ein Zuchthaus; ein riesiges Gelände, umzirkt von einer trostlosen Riesenmauer aus roten Backsteinen. Auf einem Winkel dieser Mauer blüht ein holdes Wunder, das jeder Hannoveraner kennt: eine kleine Birke, der zarteste und zäheste Baum, so blond und so bescheiden, so herb

Postkarte der Haller Straße, Ecke Alte Celler Heerstraße, rechts die Mauer des Gerichtsgefängnisses mit ›Hoffnungsbirke‹, vor 1914.

Kaum ein anderes Viertel Hannovers hat sein Gesicht so stark verändert wie das Areal hinterm Bahnhof. Dort erinnert nichts mehr an die früheren engen Mietskasernen und schmalen Straßen.

und so lieblich, von so verletzlicher und zarter Rinde und von so zäher und gesunder Wurzel, wie die Kinder unserer niedersächsischen Landschaft. Sie hat durch ein Wunder mitten in der baumlosen Steinwüste just auf der roten Zuchthausmauer Wurzeln geschlagen, ein Gruß des guten Lebens, das durch all unser menschliches Zucht- und Unzuchtelend doch wieder hindurchbricht«.

Bekannt wurde das Gefängnis, als dort der Serienmörder Fritz Haarmann 1924 verhört und im Jahr darauf hingerichtet wurde. Zwischen 1937 bis 1943 saß der KPD-Vorsitzende Ernst Thälmann an der Celler Straße in Isolationshaft. An ihn und weitere politische Häftlinge in der NS-Zeit erinnert das 1989 errichtete Mahnmal von Hans-Jürgen Breuste. Das im Zweiten Weltkrieg stark beschädigte Gebäude wurde um 1960 abgerissen und musste der Raschplatzhochstraße weichen.

Nördlich des Gefängnisses lag, durch die schmale Zwingstraße getrennt, das Leibniz-Realgymnasium, dessen Schüler auf die hohe Gefängnismauer schauen mussten oder in den oberen Stockwerken den Gefangenen beim Hofgang zusehen konnten. Der Blick an der anderen Seite der Schule auf den Weißekreuzplatz war lieblicher, aber vielleicht nicht so eindrucksvoll. Auf der Fläche des Leibniz-Realgymnasiums steht heute der Raschplatzpavillon.

Kaum ein anderes Viertel in Hannover hat so stark sein Gesicht verändert. Die Hochstraße, der Raschplatz mit der Bebauung der 1970er Jahre, der Busbahnhof, der alte Fernsehturm Tele-Moritz, das Bredero-Hochhaus, der Andreas-Hermes-Platz und der Raschplatzpavillon - nichts erinnert mehr an die engen Mietskasernen und schmalen Straßen. Einige, wie Thalstraße, Zimmerstraße, Zwingstraße und Grünstraße sind ganz verschwunden. Einzig geblieben ist der immer noch eher schlechte Ruf der Gegend ›Hinterm Bahnhof‹, auch wenn immer wieder Versuche zur Aufwertung gemacht werden. ■

›Justizpalast‹ am Volgersweg auf einer um 1900 gedruckten Fotopostkarte.

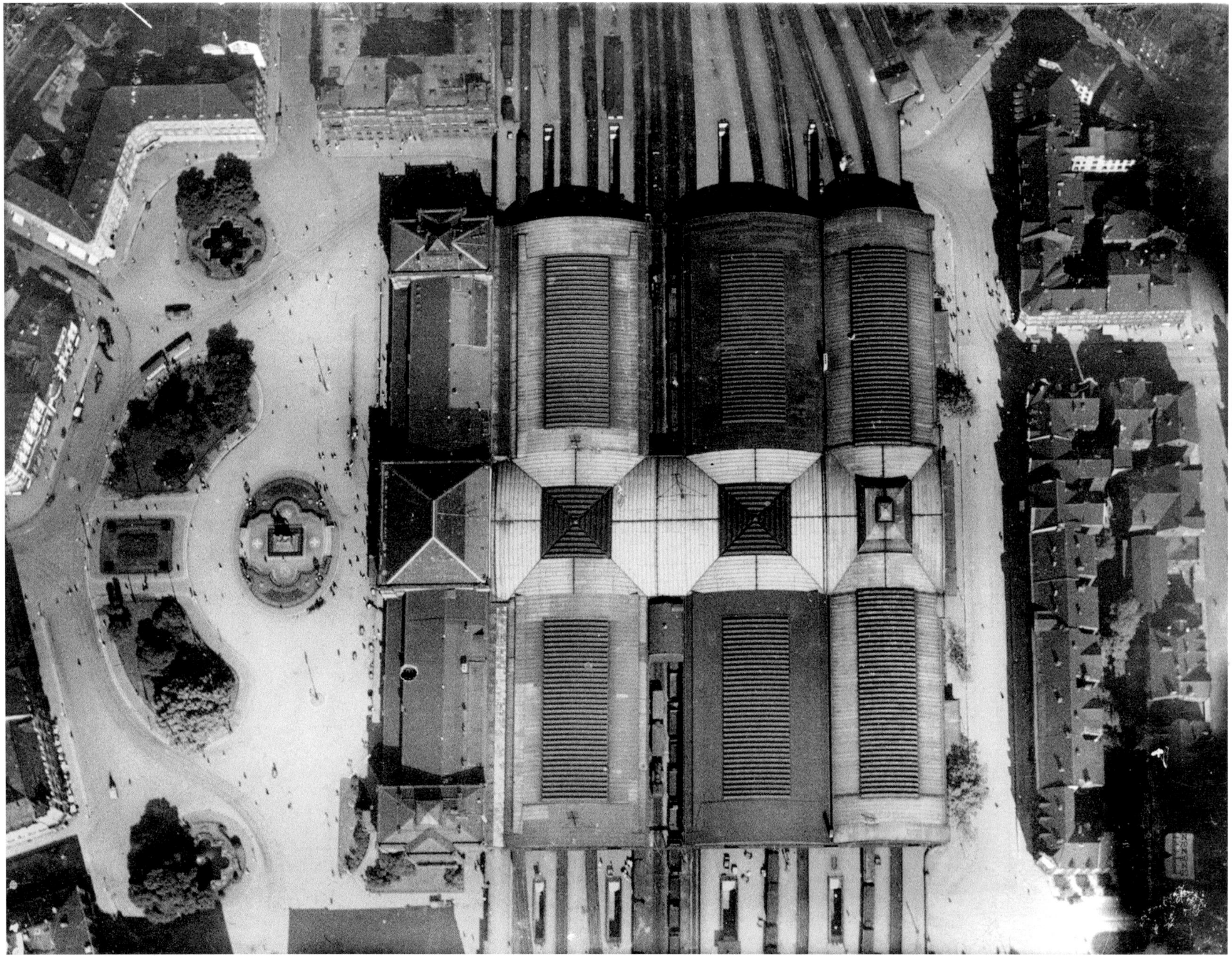

Der Hauptbahnhof mit den drei Hallen über elf Bahnsteigen, links der Ernst-August-Platz, von dem fünf Straßen sternförmig abgehen.

Großzügiger Platz vor dem Bahnhof und ein Parkhaus dahinter: Die unterschiedlichen Gestaltungsqualitäten sind noch nach 100 Jahren präsent.

Drei Glashallen überspannen Bahnsteige

Donnernd fährt der Zug in die weiten, hoch sich wölbenden Glashallen des Bahnhofs ein. Wir treten aus dem Portal auf den von alten Bäumen überschatteten und mit prächtigen Anlagen geschmückten Ernst-August-Platz. Vor uns erhebt sich das imposante Reiterstandbild des Königs Ernst August. Zu beiden Seiten lassen zierliche Fontänen ihr Wasser spielen. Rechts zeigt sich das in italienischer Renaissance ausgeführte prächtige Hauptpostgebäude, stattliche Hotels umsäumen den Platz, und

Ernst-August-Platz mit dem Reiterdenkmal: Das war Hannovers erster Schmuckplatz

als Abschluß der breiten, eleganten Bahnhofsstraße grüßt der Turm der Marktkirche, das Wahrzeichen der Stadt vertraulich zu uns herüber. Der erste Eindruck, daß Hannover als besonders charakteristisch das Gepräge einer wahrhaft vornehmen Stadt trägt, vertieft sich Schritt für Schritt mehr und mehr.« Die Liebeserklärung von Adolf Kiepert an Hannover weckt auch Erinnerungen an die Zeit der Dampflokomotiven.

Die erste Eisenbahn gab es in Hannover 1843, vier Jahre später baute man einen ersten ›Centralbahnhof‹. Er war einer der ersten größeren Durchgangsbahnhöfe in Deutschland. Da die ebenerdig verlegten Eisenbahnschienen die hinter dem Bahnhof gelegenen Stadtteile abhängte, wurden die Gleise 1879 auf eine Höhe von 4,50 Meter angehoben. Wegen des gestiegenen Verkehrsaufkommens wurde nach den Plänen des Architekten Huber Stier auch ein neuer Bahnhof gebaut. Anfangs überspannten zwei große Hallen die ersten neun Gleise. Seit 1910 ergänzte noch

Hauptbahnhof 1915:
Gut zu erkennen sind die unterschiedlichen Gebäude und Straßenbreiten vor und hinter dem Bahnhof.

Seit mehr als 100 Jahren ist Hannover einer der wichtigsten Eisenbahnknotenpunkte in Deutschland. Täglich halten hier über 600 Fernzüge, S- und U-Bahnen.

Bahnhofstraße mit Blick auf den Bahnhof, 1902 bis 1906

eine dritte, schmalere Halle die zusätzlichen Bahnsteige 10 und 11.
Durch das ›Bahn-Drehkreuz des Nordens‹ verkehren heute täglich mehr als 600 Züge, und 250 000 Menschen passieren die vier Ebenen vom Hochplateau der Fern- und S-Bahnsteige über die ebenerdige Bahnhofshalle und unterirdische Niki-de-St.-Phalle-Promenade, die frühere Passarelle, bis zu den noch tiefer gelegenen U-Bahn-Stationen der Stadtbahn. Die Fassade des 135 Jahre alten Bahnhofsgebäudes blieb im Zweiten Weltkrieg erhalten, die großen Glashallen ersetzten Bahnsteigüberdachungen.
Der fünfeckige Ernst-August-Platz, von dem fünf Straßen sternförmig abgehen, war der erste Schmuckplatz der Stadt. Mit der Aufstellung des Reiterdenkmals zu Ehren von König Ernst August im Jahr 1861 erhielt der Platz auch seinen Namen. Von den ›stattlichen‹ Hotels bestehen noch zwei. Die ›prächtigen Anlagen‹ mit Ziersträuchern sind Parkplätzen gewichen, von den ›zierlichen Fontänen‹ nur schmale Wasserrinnen übrig geblieben. Und doch macht der Vorplatz des Hauptbahnhofs im Vergleich zu vielen Städten immer noch einen repräsentativen, wenn auch nicht ›wahrhaft vornehmen‹ Eindruck. ■

Foto und Postkarte von 1910 mit dem gleichen Motiv aus leicht verändertem Blickwinkel: Der Bahnhof mit Blick aufs benachbarte Post- und Telegrafenamt.

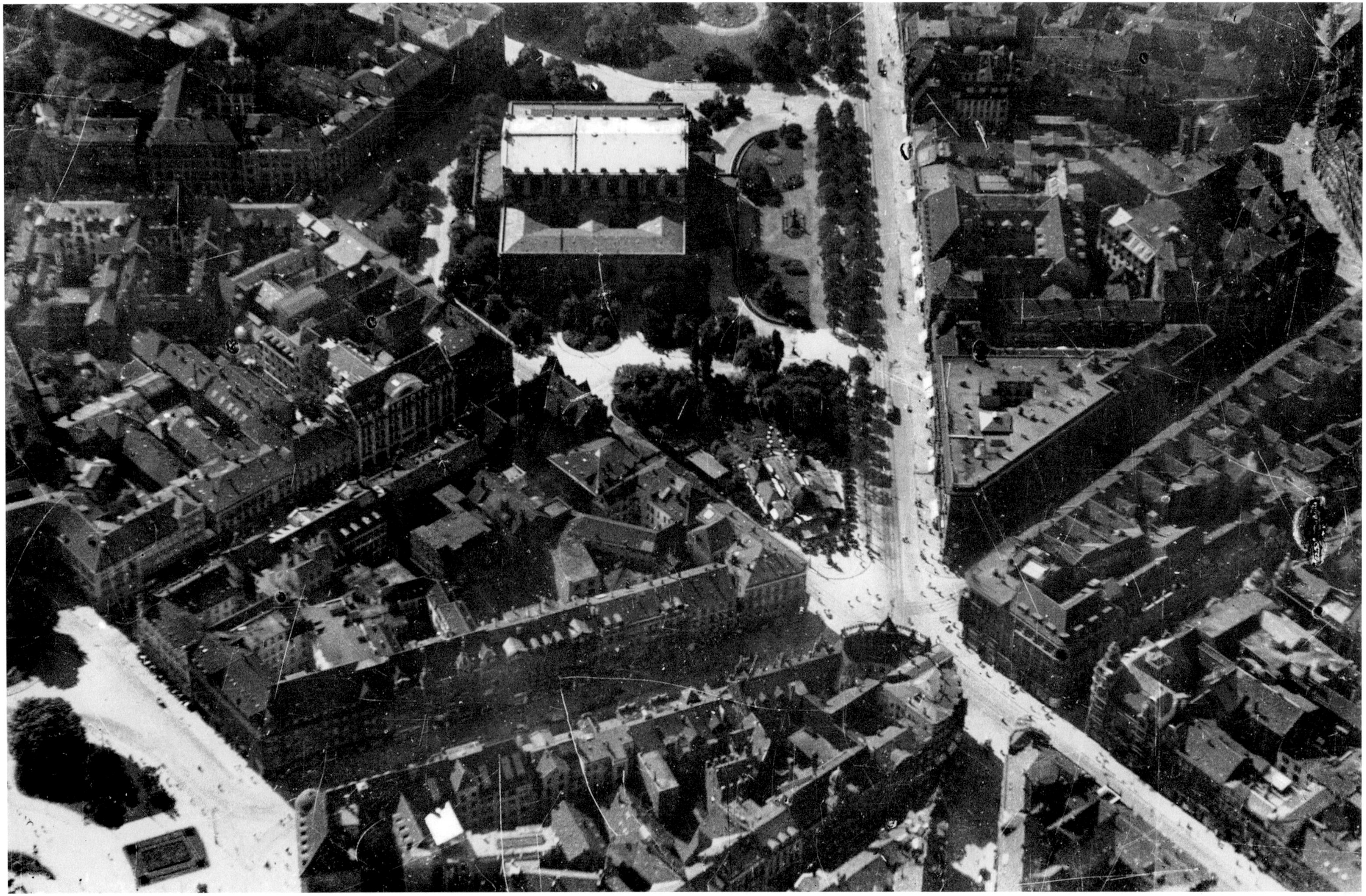

Vom Ernst-August-Platz (links unten) führt die Bahnhofstraße zum Kröpcke, Königliches Hoftheater (Mitte) und Theaterplatz prägen das Bild an der Georgstraße.

Die alten Straßenverläufe blieben erhalten, alle Hinterhöfe sind weiterhin überbaut. Der Opernvorplatz ist heute keine Schmuckanlage mehr.

Hannovers Mitte und heimliches Herz

Wohl keine zweite deutsche Stadt kann sich eines so prächtigen Platzes in ihrem Zentrum rühmen. Hier haben sich Architektur, Gartenkunst und Skulptur vereint, um ein Stadtbild von ganz eigenem Reiz zu schaffen.« Auch den Kröpcke hat der Dichter Adolf Kiepert 1910 in seinen Hannover-Oden besungen. Noch hundert Jahre zuvor war das ›Herz Hannovers‹ ein stinkender Graben der ehemaligen Stadtbefestigung, der sich zickzackförmig um die östliche Altstadt herumzog.

Vorbild für das ursprüngliche Café Kröpcke war ein Pavillon der Pariser Weltausstellung von 1867

Von der ersten Hälfte des 19. Jahrhunderts an gab es hier einen stetigen Wandel. Auf der früheren Windmühlenbastion errichtete der Hofbaumeister Laves das Königliche Hoftheater (heute Niedersächsische Staatsoper) mit großer Auffahrt und angrenzendem Theaterplatz (heute Rathenauplatz), beide mit Baumgruppen und üppigen Blumenrabatten ausgestattet. Am südlichen Ende des Platzes stand viele Jahre ein Blumenladen im orientalischen Pavillonstil. Rund um den Platz mit der Börse siedelten sich die Hauptverwaltungen zahlreicher Banken an. Besonders imposant ist das 1900 errichtete Gebäude der Hannoverschen Bank (heute Deutsche Bank).

Die Ernst-August-Stadt mit den fünf vom Ernst-August-Platz ausgehenden Straßen – Artilleriestraße (heute Kurt-Schumacher-Straße), Schillerstraße, Bahnhofstraße, Luisenstraße und Am Bahnhof (heute Joachimstraße) - wurde in den 1840er Jahren angelegt. Die Häuser sind zum Teil mehrfach abgerissen und größer wieder aufgebaut worden.

Mittelpunkt der Stadt war das Café Kröpcke, das auch der Schriftsteller Ernst Jünger

Das Café Kröpcke (links in der Mitte) mit dem Königlichen Hoftheater.

Oben: Blick 1895 vom Hoftheater auf den Theaterplatz.
Mitte: Theaterplatz mit Blumenpavillon, Foto nach 1900.
Unten: Kröpcke mit Kröpcke-Uhr, Aufnahme vor 1910.

Buchstäblich als Straßenbahnkreuz zeigt sich der Kröpcke zu Beginn des 20. Jahrhunderts. Hier trafen die Gleise gleich aus fünf Straßen aufeinander.

schätzte: »Ich ging durch die Altstadt, um zu frühstücken … Um diese Zeit war es im Café friedlich, das sich im Stadtkern wie eine Insel erhob. Mit seinen gläsernen Wänden erinnerte es an ein Aquarium … Ältere Herren waren in ihre Zeitungen vertieft … Es kamen Reisende vom Bahnhof, um sich zu erfrischen, und ausgehaltene Mädchen, die sich langweilten und die sich durch eine schlichte Eleganz auszeichneten«. Das Gebäude von 1867 war einem orientalisch anmutenden Pavillon der Pariser Weltausstellung nachempfunden.

Im Lauf der Zeit wurde der vorgelagerte Platz immer stärker mit dem Namen des Cafépächters Wilhelm Kröpcke in Verbindung gebracht und 1948 auch offiziell so benannt. Die Kröpcke-Uhr, 1885 aufgestellt, feiert 2015 das 130-jährige Bestehen. Gleichzeitig war der Platz ein Verkehrsknotenpunkt: Aus fünf Straßen trafen die Gleise der Straßenbahn aufeinander.

Trotz der massiven Zerstörungen des Zweiten Weltkriegs hat sich der Wiederaufbau an die ursprünglichen Vorkriegsstrukturen gehalten. Eine Ausnahme bildete das in den 1970er Jahren erstellte Kröpcke-Center, doch durch dessen Rückbau auf die alten Raumkanten und Geschosshöhen sind die ursprünglichen Proportionen wieder hergestellt. Auch die Banken sind standorttreu geblieben und beherrschen die östliche Seite des Rathenauplatzes bis zur Theaterstraße.

Wie um 1915 sind die Grundstücke in der Innenstadt zu teuer, um die Hinterhöfe nicht zu bebauen. So wird fast jeder Quadratmeter genutzt. Für Grün ist nur auf wenigen Plätzen und in einigen Straßen Platz. Bemerkenswert erscheint, dass der Vorgängerbau des Magis-Hauses, in dem heute eine große Bekleidungskette ihre Filiale hat, schon eine abgerundete Hauskante zum Kröpcke hin aufwies. ■

Die Georgstraße zwischen Aegi (links oben), Georgsplatz und Kröpcke (rechts unten). Darauf läuft die Karmarschstraße von der Markthalle (oben rechts) spitz zu.

Die Nachkriegsbebauung hat sich an die alten Straßenverläufe gehalten. Wieder aufgebaute Gebäude wie das Opernhaus geben historische Orientierung.

Flaniermeile entlang des alten Stadtwalls

In der zweiten Hälfte des 19. Jahrhunderts verdrängten an der boomenden Hauptverkehrsader immer mehr Geschäftshäuser die alte Wohnbebauung.

Wo zu Ende des 18. Jahrhunderts noch der Stadtgraben die starken Mauern des Georgswalles umspülte, erstreckt sich jetzt die Hauptverkehrsader der Stadt, die vornehme Georgstraße«. Die gut einen Kilometer lange Straße vom Aegidientorplatz bis zum Steintor, wie sie Adolf Kiepert 1910 beschrieb, verläuft auf der östlichen Grenze der mittelalterlichen Stadt.
Nach der Entfestigung gab es an der Georgstraße anfangs noch wie am Friedrichswall Wohnhäuser wohlhabender Bürger, doch in der zweiten Hälfte des 19. Jahrhunderts wichen diese immer mehr Geschäftshäusern mit prächtigen Fassaden und großen Schaufenstern. Besonders imposant war die Georgspassage, wegen der Skulptur des Heiligen Georgs über dem Eingang auch Drachentöterhaus genannt. Neben dem Einrichtungshaus von Louis Fuge gab es hier eines der ersten Automatenrestaurants der Stadt. »Die verschiedensten … Speisen standen auf runden Platten oder in kleinen Aufzügen zur Wahl, und man brauchte nur ein Geldstück einzuwerfen, um durch ein schnurrendes Uhrwerk bedient zu werden«, beschrieb der Schriftsteller Ernst Jünger diese Neuerung 1912.
Seinen quadratischen Grundriss erhielt der Georgsplatz schon im frühen 19. Jahrhundert. Bedeutendstes Gebäude war das 1854 erbaute Ratsgymnasium mit seiner markanten Kolonnade. Bis 1912 hieß die älteste Schule Hannovers mit fast 750-jähriger Geschichte Lyceum. Vor dem Gebäude stand inmitten einer Schmuckbeetanlage das 1863 eingeweihte Schillerdenkmal von Wilhelm Engelhard.
Schon in der ersten Hälfte des 19. Jahrhunderts hatte Hofarchitekt Georg Ludwig Friedrich Laves eine gedachte Linie vom neuen Bahnhof über Marktkirche, Leineschloss zur Waterloosäule hin konzipiert. Eine einschneidende städtebauliche Zäsur

Markthalle an der Karmarschstraße, 1892 nach Entwürfen von Paul Rowald gebaut.

Oben: Georgstraße mit Blick zum Kröpcke, links das 1906 eröffnete Warenhaus Karstadt, rechts mit hohem Turm die Georgspassage. Mitte: Deren Innenansicht. Unten: Georgsplatz mit Ratsgymnasium und Schillerdenkmal, 1910.

Der Durchbruch der Karmarschstraße bedeutete eine städtebauliche Zäsur

war der Durchbruch der Karmarschstraße von 1879 bis 1890 in Ost-West-Richtung. Finanziert wurden der Straßenbau und die angrenzenden Bauwerke vom Bauindustriellen Ferdinand Wallbrecht (1841–1905), der nebenbei auch noch eine Markthalle am Ende der Straße baute, mit 4 000 Quadratmetern Grundfläche das größte Einzelgebäude in der Altstadt. Viele der Jahrhunderte alten Häuser mussten den neuen, höheren Geschäftsgebäuden und der Markthalle weichen.

Nur wenige der alten Gebäude in der Georgstraße, am Georgsplatz und in der Karmarschstraße haben die Zerstörungen des Zweiten Weltkriegs überstanden. Die alten Straßenverläufe sind aber meist erhalten geblieben, oder wie an der Ecke Georgstraße und Karmarschstraße durch den Rückbau des Kröpcke-Centers wieder hergestellt worden. Seit den 1970er Jahren ist die Georgstraße eine der meist frequentierten Fußgängerzonen Deutschlands.

An der Stelle des Ratsgymnasiums steht seit den 1950er Jahren das alte Haupthaus der Nord/LB, Reste der Kolonnaden liegen noch auf einem Werkhof des Fachbereichs Tiefbau. Das Denkmal zu Ehren Friedrich Schillers musste der Nord/LB weichen und stand 23 Jahre hinter dem Opernhaus, bis es 1982 auf seinen heutigen Platz an der Mündung der Schillerstraße in die Georgstraße kam. Von der Georgspassage sind nur Reste der Fassade mit dem Heiligen Georg erhalten. ■

Die imposante Marktkirche prägt das Zentrum der Altstadt und bildet mit Altem Rathaus, Markthalle und Leineschloss größere Baukomplexe inmitten enger Bebauung.

Um den Ballhof herum ist die Bebauung viel aufgelockerter als vor 100 Jahren, die übrige ›City‹ ist weiterhin dicht bebaut, einzelne Gebäude erstrecken sich über einen ganzen Block.

Hier Bruchbuden, dort Kaufhauspaläste

Die mittelalterliche Altstadt hatte sich weit bis in das 19. Jahrhundert kaum verändert. Die großen Durchgangsstraßen Osterstraße und Schmiede- mit Marktstraße verlaufen in Nord-Süd-Richtung zwischen den historischen Stadttoren Stein- und Aegidientor. In dieser Ausrichtung stehen in einer Reihe auch die drei Kirchen aus dem 14. Jahrhundert: Kreuz-, Markt- und Aegidienkirche.

Nur Reiche konnten sich damals gemauerte Häuser leisten, meistens um den Marktplatz

Nach der Gründerzeit lebten fast nur Arme auf engstem Raum in der Altstadt

herum. Überwiegend sind es eng zusammenstehende Fachwerkbauten. Schuh-, Schmiede- oder Knochenhauerstraße benennen die Orte der einstigen Zünfte. Mit der Entfestigung der Stadt im späten 18. Jahrhundert änderte sich nach und nach das soziale Gefüge der Altstadt. Erst konnten sich Adel und wohlhabende Bürger Häuser an den ehemaligen Stadtmauern oder in der Gartenvorstadt im Osten und in Königsworth im Westen der Altstadt leisten. In der Gründerzeit (etwa 1873 bis 1914) zogen dann auch große Teile des Mittelstands in die neuen Wohngebiete von Oststadt, List oder Südstadt, während die Reichen nun am Rand der Eilenriede, in Kleefeld oder Kirchrode große Villen bauten. So blieben fast nur die armen Schichten in der Altstadt und lebten in den alten Häusern auf engstem Raum unter sehr schlechten Wohnbedingungen.

Der Kampf ums tägliche Überleben wurde nicht nur mit legalen Mitteln geführt. »Aber das dritte Hauptzentrum alles Luder- und Lasterlebens war die malerische Altstadt, dort wo der Fluß an dem sogenannten Hohen Ufer entlang eine von vielen Brücken überquerte, als ›Klein-Venedig‹ bekannte, uralte Inselstadt bildet: Verfallene Winkel, Jahrhunderte altes

Altstadtgasse mit Blick auf den Beguinenturm, etwa 1910

An der Großen Packhofstraße und der Seilwinderstraße standen imposante Kaufhäuser aus Stahl und Glas mit großen Schaufenstern.

Gemäuer, ein trotziger, altsächsischer Beguinenturm und ein Gewirr von Giebeln, Fachwerk und baufälligen, noch ans Mittelalter mahnenden Gassen.« So beschrieb der Publizist und Gerichtsreporter Theodor Lessing in seinem Buch ›Haarmann – Geschichte eines Werwolfs‹ 1925 die hannoversche Altstadt.
Während es mit der Gegend um den Ballhof immer weiter bergab ging, wurden Große Packhofstraße und Seilwinderstraße zwischen Marktkirche und Georgstraße zur bedeutenden Einkaufsmeile. Hier stehen gleich mehrere große Warenhäuser, die zwischen 1900 und 1911 errichtet wurden, zumeist modern in Stahl und Glas mit großen Schaufenstern. Eduard Bormass warb mit dem ›größten Warenhaus der Provinz Hannover‹, Max Molling verkaufte Damenmoden über vier Stockwerke, beim Kaufhaus Zum Stern war die Zielgruppe ›der Jüngling, der Mann, der Sportsmann, der Jäger und der Tourist‹. Das auffälligste Kaufhaus besaß J. W. Saeltzer in der Seilwinderstraße. Auf dem Dach des 1903 erbauten, ersten modernen Kaufhauses in Hannover drehte sich eine große, beleuchtete und mit dem Firmennamen versehene Weltkugel und verwies auf das drei Jahre zuvor eröffnete Warenhaus Tietz in Berlin.
Von den alten Fachwerkhäusern haben nur sehr wenige die Luftangriffe überstanden und wurden danach um die Kramerstraße herum als Ensemble wieder aufgebaut. Wohnungen findet man kaum noch in der Altstadt, es gibt nur eine Wohnsiedlung im Goldenen Winkel, dem ersten Siedlungsbau der Nachkriegszeit. Die drei mittelalterlichen Kirchen markieren noch die ursprüngliche Ausdehnung der Altstadt, in der es heute als ›City‹ fast nur noch Geschäfte und Büros gibt.
An der Stelle des Kaufhauses Saeltzer steht heute der Kaufhof, ehemals Horten. Das Warenhaus Bormass wurde schon in den 1920er Jahren an Karstadt verkauft und ist heute das Karstadt Sporthaus. ■

Oben: Warenhaus Eduard Bormass an der Großen Packhofstraße, Ecke Heiligerstraße, vor 1909.
Unten: Marktplatz mit Altem Rathaus, etwa 1910.

Seitlich des Waterlooplatzes waren Militärverwaltungen und Kasernen untergebracht. Oben links ist zwischen Ihme und Leine das alte Schützenhaus zu sehen.

HDI-Arena, das frühere Niedersachsenstadion, und Schützenplatz bestimmen das frühere grüne Bild an der Ihme, der Waterlooplatz ist nur noch ein schmales grünes Band.

Laves baut Paradeplatz mit Siegessäule

Hannoversche Einheiten kämpften an der Seite von Briten und Preußen, als Napoleon und seine französische Armee 1815 endgültig bezwungen wurde.

Der Waterlooplatz, angelegt von 1825 bis 1832, hatte im frühen 20. Jahrhundert immer noch seine von Hofbaumeister Georg Ludwig Friedrich Laves geplante Form als Hippodrom, dominiert durch die Waterloosäule. Vis-à-vis des Leineschlosses war der Sandplatz ursprünglich zum Exerzieren und für Paraden gedacht. Daher dienten die umliegenden Gebäude als Kasernen oder für Militärverwaltungen.
Die Ihme war damals noch nicht begradigt. Das kam erst 1936, als der Maschsee angelegt wurde. Auf der Fläche der einstigen großen Ihmeschleife erstreckt sich heute der Schützenplatz, einmal geplant als nationalsozialistischer Aufmarschplatz. Der Fluss mit seinen Überschwemmungszonen bildete auch eine Barriere zwischen Hannover und Linden. Nur die Ihmebrücke am heutigen Schwarzen Bären verband über Jahrhunderte beide Gemeinden, am oberen rechten Bildrand des Luftbilds sichtbar. Erst 1890 entstand die Spinnereibrücke (heute Leinertbrücke). Der Friederikenplatz war 1915 noch nicht der heutige große Verkehrsknotenpunkt, sondern ein kleiner, grün eingefasster Platz zwischen Leineschloss, Friederikenschlösschen, Staatsarchiv und Leineinsel.
Östlich davon ist auf der historischen Luftaufnahme die alte Flusswasserkunst mit dem mächtigen Brunnen zu erkennen, die von 1896 bis 1898 gebaut der Versorgung der Stadt mit Brauchwasser diente. Architekt Hubert Stier ließ den Zweckbau mit Ornamenten aus weißem und rotem Sandstein verkleiden, sodass

Zum 100. Jahrestag der letzten Schlacht Napoleons war die Waterloosäule am 18. Juni 1915 festlich illuminiert.

Oben: Der Leibniz-Tempel, heute im Georgengarten, mit der Kaserne II im Hintergrund.
Unten: Die Flusswasserkunst, Fotos um 1910.

Aus dem Trümmerschutt des Weltkriegs wurden die Stadiontribünen geformt

er fast schlossartig wirkte. Die Maschinenhalle wurde zwischen zwei höheren Kopfbauten eingerichtet, überragt von einem 32 Meter hohen Wasserturm. Das im Zweiten Weltkrieg kaum beschädigte Bauwerk wurde 1963/64 abgerissen. Die große Schale der mit Tritonen und Krokodilen verzierten Brunnenanlage wurde auf den Klagesmarkt versetzt.

Zwischen Leine und Ihme lag damals das alte Schützenhaus mit einer Platzgestaltung aus dem frühen 19. Jahrhundert von Christian Schaumburg, dem Schöpfer des Georgengartens. Nach dem Zweiten Weltkrieg wurde mit Millionen Kubikmetern Schutt der Trümmerberg aufgeschüttet, der zur Geländemodulation für die Tribünen des Niedersachsenstadions, heute HDI-Arena, genutzt wurde.

Der Waterlooplatz wurde nach Kriegsende so massiv wie kaum ein anderer verändert. Ein von Bäumen umgebener und wie ein Hippodrom angelegter Platz mitten in der Stadt war in Deutschland einmalig. Im Zuge der Ihmebegradigung wurden 1936 die Straße um den Platz verbreitert und eine dritte Ihmebrücke gebaut, doch dessen Form blieb erhalten. Aber Laves' großer Stadtplanentwurf wurde einer achtspurigen Straße geopfert, die ironischerweise Lavesallee heißt. Der rechteckige Waterlooplatz ist nun lose mit Baumgruppen bepflanzt, ausgestattet mit Rampe und Fahrstuhlschächten der U-Bahn und einer Litfaßsäule. Die alte Blickbeziehung vom Leineschloss zur Waterloosäule – der König wollte seine Truppen exerzieren sehen – ist teils mit Gehölzen versperrt. ■

Religiöses Spektrum in der Calenberger Neustadt (Bildmitte von links nach rechts): Reformierte Kirche, Stadt- und Hofkirche, Synagoge und Basilika St. Clemens.

Von der dichten barocken Bebauung ist nichts mehr zu sehen. Das Leibnizufer trennt jetzt den Stadtteil von der Leine.

Glaubensvielfalt prägt jungen Stadtteil

Weil die Altstadt nur den Protestanten vorbehalten blieb, wichen Katholiken, Juden und die reformierte Gemeinde in die benachbarte neue Ansiedlung aus.

Nachdem Hannover im Dreißigjährigen Krieg Residenz der Herzöge von Braunschweig-Calenberg geworden war, breitete sich die mittelalterliche Ansiedlung mit der Calenberger Neustadt westlich der Leine aus. Stadtmauern und Wallgräben ließ der Magistrat auch gleich erweitern. Da der von 1665 bis 1679 regierende Herzog Johann Friedrich zum katholischen Glauben übergetreten war und die Schlosskirche im Leineschloss rekatholisierte, wurde die Neustädter Hof- und Stadtkirche St. Johannis für evangelische Christen errichtet - als erste barocke Hallenkirche.

An die frühere Synagoge erinnert ein Gedenkstein in der Roten Reihe

In der Altstadt durften seit dem 16. Jahrhundert ausschließlich Protestanten wohnen, was nach dem Tod Johann Friedrichs wieder uneingeschränkt galt. Daher ließen sich im späten 17. Jahrhundert katholische Hofbedienstete, Juden und Hugenotten in der Calenberger Neustadt nieder und erbauten ihre Gotteshäuser zusätzlich zur Neustädter Hofkirche. Die 1718 geweihte katholische Basilika St. Clemens des italienischen Architekten Tommaso Giusti sollte zwar von einer Kuppel gekrönt werden, doch dafür reichte das Geld nicht. Die erste Synagoge von 1704 wurde von 1864 bis 1870 durch die von Edwin Oppler geplante Neue Synagoge ersetzt. 1705 entstand der erste Kirchenbau für die französisch-reformierte Gemeinde. 1898 errichtete die evangelisch-reformierte Kirchengemeinde an derselben Stelle einen neugotischen Bau nach Plänen des Architekten Prof. Hubert Stier. Alle vier Kirchen liegen fast auf einer Linie und zeigen die Vielfalt der Religionen in diesem Stadtteil.

Die Neustädter Hof- und Stadtkirche, in einer Aufnahme von 1905.

Die Synagoge brannte während der Novemberpogrome 1938 aus, wurde noch vor dem Krieg gesprengt und vollständig abgetragen. Heute erinnert ein Gedenkstein an der Straße Rote Reihe an das Bauwerk, auf dessen Grund nun Gebäude des Niedersächsischen Ministeriums für Wissenschaft und Kultur stehen.
Die anderen drei Kirchen sind nach den Zerstörungen des Zweiten Weltkriegs wieder aufgebaut worden. Die Basilika St. Clemens erhielt nach Plänen des Architekten Otto Fiederling eine Kuppel, die sich an die 250 Jahre alte Planung anlehnte. Der Turm der Evangelisch-reformierten Kirche blieb unvollendet und ist eine Mahnung an die Schrecken des Krieges. Die Neustädter Hof- und Stadtkirche wurde 1956 bis 1958 äußerlich in ihrer ursprünglichen Form wieder aufgebaut. Im Innenraum sind erhaltene Teile der ursprünglichen Ausstattung wie Christus-, Engel-, Heiligen- und allegorische Skulpturen, Porträts und Grabmäler mit modernen Elementen kombiniert worden. Auch die Gebeine von Leibniz (›Ossa Leibnitii‹) fanden hier ihre letzte Ruhestätte.
Am unteren Bildrand der historischen Luftaufnahme ist neben dem Leineschloss die dicht bebaute Leineinsel zu erkennen. Die alten Fachwerkhäuser wirken pittoresk, doch sind dort die Wohnbedingungen wie auch in den meisten Häusern der Altstadt und der Calenberger Neustadt sehr schlecht. Nach den Bombenangriffen von 1943 waren nur wenige Gebäude unbeschädigt. Die meisten Fachwerkhäuser brannten bis auf die Grundmauern nieder. Die breiten Straßenzüge Leibnizufer und Brühlstraße als Teil des City-Ringes überdecken heute die historischen Straßenzüge, der Leinearm der Insel wurde mit Schutt verfüllt. Im Vergleich zum frühen 20. Jahrhundert wohnen heute nur noch wenige Menschen in der Calenberger Neustadt. Ministerien und andere Verwaltungen prägen jetzt diesen Stadtteil. ■

Oben: Die Basilika St. Clemens, ein Foto von 1906.

Unten: Die neue Synagoge, von 1864 bis 1870 gebaut.

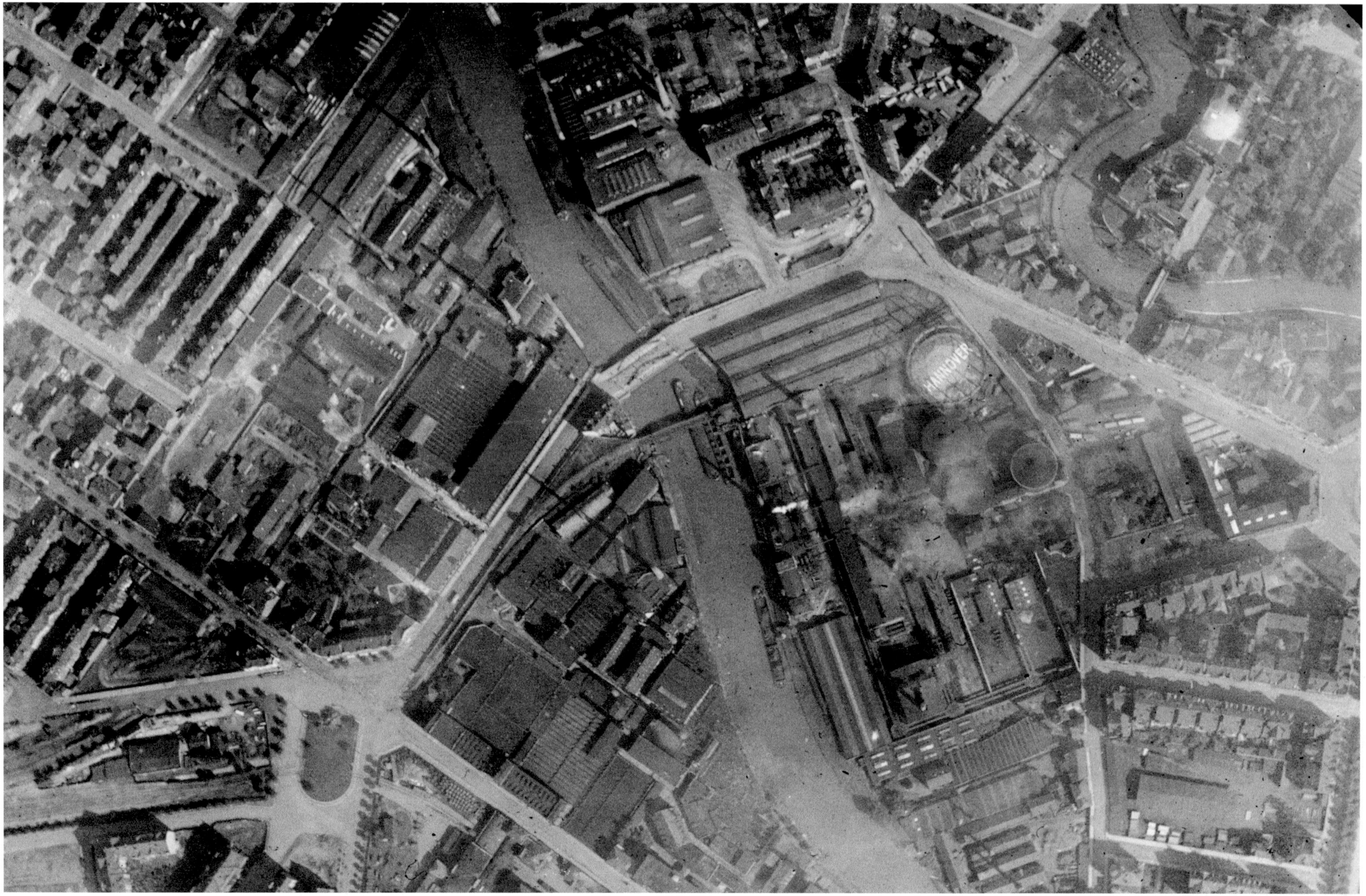

Nahe der heutigen Leinertbrücke führte noch ein Weg über die Ihme. Auf dieser schmalen Trasse fuhren Kohlezüge vom nahen Güterbahnhof in die Gasanstalt.

Das Ihme-Zentrum dominiert das westliche Ihme-Ufer, die alte Gasanstalt hat einem neuen Grünzug am Fluss Platz gemacht.

Blütezeit an der Ihme endet mit Weltwirtschaftskrise

Ende des 19. Jahrhunderts begann an den Ihmeufern eine rege industrielle Bautätigkeit. Auf der Glocksee stand eine große Gasanstalt, in der Steinkohle für die Straßenbeleuchtung und für die Versorgung der Haushalte vergast wurde.
Der große Gasbehälter war oben mit einem Hannover-Schriftzug versehen - und dabei lag der erste Motorflug überhaupt gerade erst gut zehn Jahre zurück. Unterhalb der 1890

Der Zeit der Passagierluftfahrt voraus: Gasbehälter trägt Hannover-Schriftzug

gebauten Spinnereibrücke (heute Leinertbrücke) ist auf dem Luftbild von 1910 eine zweite schmale Brücke zu sehen. Auf dieser Eisenbahntrasse fuhren Kohlezüge vom nahen Güterbahnhof direkt in die Gasanstalt.

Zahlreiche Fabriken prägten das westliche Ufer der Ihme. Da waren die Mechanische Weberei, die den weit über Deutschland hinaus bekannten ›Linden Sammet‹ produzierte, die Hannoversche Baumwollspinnerei und -weberei auf dem Gelände des heutigen Heizkraftwerks Linden, die Lindener Aktien-Brauerei, daneben eine Asphaltfabrik, eine Gummifabrik an der Stärkestraße, eine Korsett- und eine Bettfedernfabrik.
Auf dem Luftbild ganz unten links sind noch restliche Flächen des historischen Küchengartens zu sehen, in dem seit Mitte des 17. Jahrhunderts Obst und Gemüse für den hannoverschen Hof produziert wurden. Ab 1890 bebaute man das Gelände sukzessive. Der barocke Küchenpavillon, der zwischenzeitlich auch mal als Schweinestall herhalten

Küchengarten mit Küchengartenpavillon, vor 1911.

Einige der großen Unternehmen mussten schon in den schwierigen Jahren nach dem folgenschweren Börsenkrach von Oktober 1929 Insolvenz anmelden.

musste, wurde 1914 auf den Lindener Bergfriedhof umgesetzt.
Einige der großen Unternehmen mussten schon in der Weltwirtschaftskrise nach dem Börsenkrach 1929 Insolvenz anmelden. Alle Fabrikgebäude wurden im Zweiten Weltkrieg beschädigt oder zerstört. Obwohl ein paar Firmen in der Nachkriegszeit ihre Produktion wieder aufnahmen, konnten sie nicht an die wirtschaftlichen Erfolge um 1900 heranreichen und schlossen nach und nach.
Auf dem großen Gelände der Mechanischen Weberei erstreckt sich seit den 1970er Jahren das Ihme Zentrum, von der ehemaligen Gasanstalt stehen noch einige Gebäude, unter anderem das des Jugendzentrums Glocksee.
Die ehemaligen Produktionsflächen an der Ihme waren hochgradig mit Schadstoffen verseucht und sind vor einigen Jahren saniert und in Grünflächen umgewandelt worden, die zusätzlich dem Hochwasserschutz dienen. Auf den Flächen der Lindener Aktien-Brauerei entstand 2001 das Wohngebiet Gilde Karré. Die übrigen ehemaligen Fabrikgelände sind heute meist Ihme begleitende Grünflächen oder umgewidmet, wie die Bettfedernfabrik als Kulturzentrum Faust.

Oben: Gasanstalt mit Eisenbahnbrücke um 1900, Montage aus zwei Fotos. Mitte: Blick von Ihmebrücke am Schwarzen Bär in Richtung Glocksee, 1903. Unten: Güterbahnhof Linden am Küchengarten.

Die prachtvolle Herrenhäuser Allee vom Königsworther Platz (unten) durchquert den Georgengarten bis zum Großen Garten, in der Mitte das Welfenschloss.

Die vor gut 40 Jahren erneuerte Lindenallee prägt weiterhin den Georgengarten, der Bremer Damm trennt die Steintormasch von der Leine.

Das Tor zur majestätischen Lindenallee

Von ihrem Ausgangspunkt am Königsworther Platz aus: Herrenhäuser Allee behält bis in die 1960er Jahre ihre ursprüngliche Länge von zwei Kilometern.

Einen guten Überblick über die Herrenhäuser Gärten gewährt diese Aufnahme aus großer Höhe von Südosten. Das Luftbild wurde zwar Anfang der 1930er Jahre gemacht, zeigt aber fast genau den Zustand von 1915, weil in der Nordstadt in den 1920er Jahren kaum gebaut wurde: Dominant erstreckt sich die vierreihige, damals gut 200 Jahre alte Herrenhäuser Allee durch den Georgengarten, vom Königsworther Platz bis zum Großen Garten. Die Allee hatte noch ihre originale Länge bis zur heutigen Schlosswender Straße.

Auf dem Königsworther Platz umfließt der Straßen- und Straßenbahnverkehr eine Haltestellenanlage aus den 1920er Jahren, als Hippodrom ausgeführt mit Kiosk und Wartehalle. »Auch die Blumenanlagen am Königswortherplatz … wurden, den gesteigerten Anforderungen neuzeitlichen Geschmacks angemessen, in Form und Bepflanzung umgeändert und reichlich ausgestattet«, schrieb Grünflächenfachmann August Hoffmann.

An der Stelle des heutigen Conti-Hochhauses befand sich eine größere Kaserne. Der Gebäudekomplex gegenüber der Schlosswender Straße gehörte zur Geschäftsbücherfabrik König und Ebhardt, einer weltweit bedeutenden Geschäftsbuchdruckerei. Das erste Gebäude war 1876 fertig, bereits kurze Zeit später gab es umfangreiche Erweiterungen. Ab 1975 zog sich das Unternehmen schrittweise aus dem Areal zurück, das heute von der Leibniz Universität Hannover genutzt wird.

Das Welfenschloss ist in den Welfen- und Prinzengarten eingebettet. Die große Rasenfläche hinter dem Schloss mit den umgebenden Baumreihen zeigt noch gut die alte Grundstruktur des barocken Gartens des früheren königlichen Lustschlosses aus dem 18. Jahrhundert. Der Garten von Schloss Monbrillant war schon um 1800 in einen Land-

Blick auf das Welfenschloss zwischen 1900 und 1910: Die Rasenflächen sind mit vielen kleinen Gehölzen bepflanzt.

Oben: Blick, vor 1910, über den Königsworther Platz und in die Herrenhäuser Allee. Unten: Welfenschloss, Welfengarten und die angrenzenden Straßen Im Moore und Asternstraße der Nordstadt.

schaftsgarten umgewandelt worden. Monbrillant musste 1857 dem neuen Welfenschloss weichen, das der letzte hannoversche König Georg V. wegen des verlorenen Krieges gegen Preußen aber nie bezog. 1879 wurde es umgebaut und Sitz der Königlich Technischen Hochschule. Der ursprünglich von Christian Schaumburg, damals Leiter des Georgengartens, geplante Schlossvorplatz war 1915 mit vielen kleinen Gehölzen zugepflanzt worden.

Im neuen Welfenschloss residierten statt eines Königs die Studenten

Die angrenzende Nordstadt ist bereits seit 1900 dicht bebaut. Der Stadtteil Herrenhausen mit seiner Kirche war noch klein, und hinter der Bahntrasse erstreckte sich die Industrielandschaft von Leinhausen und Stöcken. Von den Gebäuden zwischen Jäger- und Fischerstraße nahe des Königsworther Platzes ist keines mehr vorhanden. Neben der Hauptverwaltung der Industriegewerkschaft Bergbau, Chemie und Energie erstreckt sich seit Beginn der 1960er Jahre der Bremer Damm, der die Steintormasch mit Kleingärten und Sportplätzen sowie Georgengarten und Großen Garten von der Leine trennt.

Die ursprüngliche landschaftliche Einheit ist auf dem alten Luftbild noch gut zu erkennen. Auf dem größten Teil der Fläche zwischen Königsworther Straße, Leine und Ihme befinden sich Kleingärten. Leider trennt der Bremer Damm nicht nur optisch und physisch die Steintormasch und den Großen Garten von der Leine, sondern bedeutet für die Umgebung auch eine große Lärmbelästigung. ■

Beim Blick über den Großen Garten von 1915 ist noch die alte Ausstattung mit schlichtem Parterre-Ornament und Obstbäumen in den Triangeln erkennbar.

Die Struktur des Großen Gartens blieb gleich, auch wenn das Große Parterre nun viel üppiger ist und die Triangeln mit Waldbäumen bepflanzt sind.

Lustwandeln im königlichen Barockpark

Als der Welfenfonds kein Geld mehr abwarf, rettete **1936** die Stadt Hannover die Herrenhäuser Gärten vor der Verwahrlosung und führte sie zu neuer Blüte.

Wohl nirgends hat die Gartenkunst ihre schöpferische Kraft ausgiebiger betätigt und mit ästhetischerem Feingefühl Beispiele historischen Gartenstils in solcher Verschiedenheit und Vollendung dicht nebeneinandergestellt, wie in den vier großen Königlichen Gärten, welche die Herrenhäuser Allee umschließen.« So schwärmte 1910 der Dichter Albert Kiepert.

Seit der Annektierung des Königreichs Hannover durch Preußen im Jahr 1866 wurden Großer Garten und Berggarten aus den Zinsen des Welfenfonds unterhalten. Auch wenn im Großen Parterre kleinere Anpflanzungen von Rhododendren und Schmuckgehölzen vorgenommen wurden, sind Struktur und Ausstattung des Großen Gartens fast gleich mit der vor 200 Jahren. Die schlichten Verzierungen der mittleren Parterrestücke sehen genauso aus wie auf den Stichen des frühen 18. Jahrhunderts: Die Schwanenteiche liegen noch abgesenkt auf dem Grundwasserspiegel wie auch die Graft, einige der Bosketts sind weiterhin mit Hecken bestanden, die meisten aber schon leer geräumt.

Die Gehölzreihen in einigen Triangeln im Noveau Jardin sind Restbestände der historischen Obstbaumbepflanzung, denn im Barock versorgten die meisten der 32 Triangeln den Hof mit frischem Obst. Die Linden des Gartentheaters waren viele Jahre nicht geschnitten worden und so zu großen Bäumen herangewachsen. Dadurch entstand eine waldartige Kulisse, die die Baumlücken in der Ansicht überdeckten, aber aus großer Höhe

Das Gartentheater mit nicht mehr geschnittenen Bäumen. So wandelte sich barockes Heckentheater zur Waldbühne.

Oben: Blick auf das Schloss über das Parterre, das um 1900 mit Sommerblumen, Stauden und kleineren Gehölzen bepflanzt war. Ein nordwestlich des Gartens gelegener Hochbehälter speiste die damalige Fontäne. Mitte: Die Marmorstatue der Kurfürstin Sophie, vom Bildhauer Friedrich Wilhelm Engelhard 1878 gefertigt, steht heute im Sommer frei an diesem Platz. Das überdimensionierte Bauwerk dahinter wurde 1936/37 abgerissen. Unten: Blick auf die nördliche Skulpturenreihe im Großen Parterre. Die große Gehölzgruppe im Hintergrund rechts gehört zu den hochgewachsenen Bäumen des Gartentheaters.

noch sichtbar waren. Das Orangenparterre und der Blumengarten des Kurfürsten waren im 19. Jahrhundert mit Parkbäumen bepflanzt worden, was den Charakter dieses Gartenteils stark veränderte. Schloss, Galerie und Orangerie sind auf der historischen Luftaufnahme gut zu erkennen. An der Außenseite der Ehrenhofmauer standen über Eck die Lakaienhäuser, die den Zweiten Weltkrieg unbeschädigt überstanden und erst Anfang der 1960er Jahre abgerissen wurden.

Das Motto der Gartendenkmalpflege: ›Prächtiger und reizvoller denn jemals‹

Durch die Inflation in den 1920er Jahren war der Welfenfonds wertlos geworden, aus dem seit 1866 der Große Garten und der Berggarten unterhalten worden waren. Die Gärten verwahrlosten in den Folgejahren und wurden 1936 von der Stadt Hannover gekauft. Der Große Garten konnte dann innerhalb von nur elf Monaten instand gesetzt werden. ›Prächtiger und reizvoller denn jemals‹ war das Motto der schöpferischen Gartendenkmalpflege. Trotz vorhandener Originalpläne wurde das Parterremuster nach barocken Mustervorlagen üppiger angelegt: Blumenrabatten zierten es erstmals, die Schwanenteiche wurden als Wasserbecken ausgebildet und in den ehemaligen Bosketts acht Sondergärten eingefügt. Die alten Obstplantagen verschwanden, Waldbäume ersetzten sie.
Die gestalterischen Veränderungen wurden nach den Zerstörungen des Zweiten Weltkriegs Anfang der 1960er Jahre wiederhergestellt und sind heute Teil der Entwicklungsgeschichte des Großen Gartens. ■

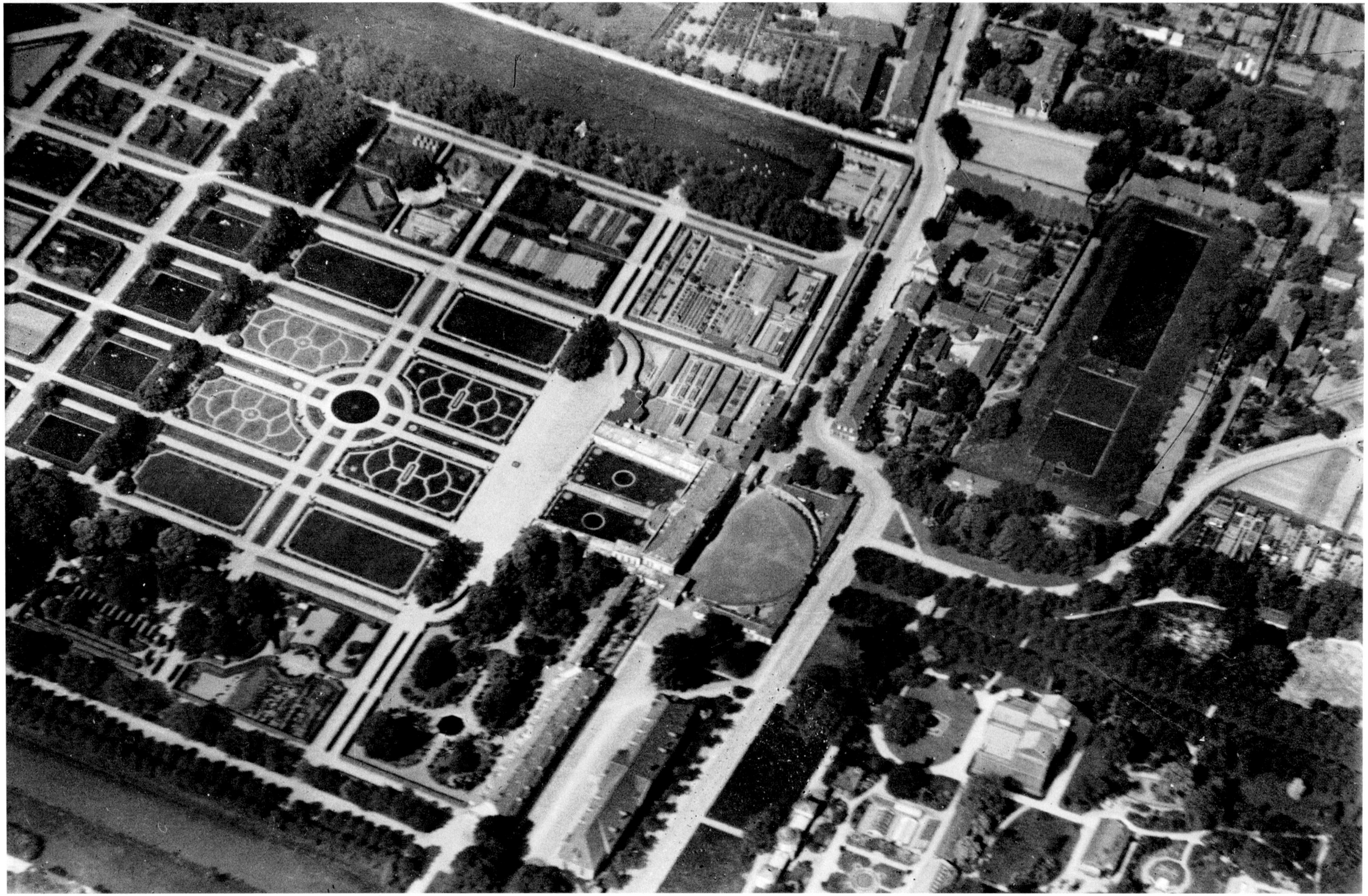

Der frühere Verlauf der Herrenhäuser Straße zwischen Großem Garten und Berggarten mit der S-Kurve an den Pagenhäusern, rechts oben das Wasserreservoir.

Die Herrenhäuser Straße führt durch ehemalige Gärten hinter den Pagenhäusern, das Wasserreservoir musste Gebäuden der Universität weichen, in der Bildmitte das neue Schloss Herrenhausen.

Neue Trasse durchschneidet alte Gärten

Ursprünglich nahm die Herrenhäuser Straße vor dem Schloss ihren Verlauf um den Ehrenhof herum und verlief in einer S-Kurve zwischen Großem Garten und Pagenhäusern. Heute ist dies die Alte Herrenhäuser Straße. Die scharfe S-Kurve bereitete den Straßenbahnen ständig Probleme. Das andauernde Quietschen störte die Anwohner, außerdem sprangen die Wagen häufig aus den Gleisen und blockierten die Strecke.

Im früheren Fürstengarten residiert seit den 1980er Jahren das EKD-Kirchenamt

Nördlich der Abfolge der Pagenhäuser, des Kutscherhauses, des Hardenbergschen Hauses und des Fürstenhauses erstreckten sich noch Gärten unterschiedlicher Größe im Wechsel mit Wirtschaftsgebäuden und Stallungen. Die Nebengebäude der Sommerresidenz waren 1915 noch vollständig erhalten. Markant waren die beiden rechteckigen Wasserflächen des alten Wasserreservoirs. Seit dem frühen 18. Jahrhundert versorgten sie Brunnen und Kaskaden des Großen Gartens mit Wasser, ausgenommen war nur die Große Fontäne. Durch unterirdische Leitungen beförderten Pumpen das Leinewasser von der Wasserkunst in die mit Sandsteinblöcken eingefassten Becken, seitlich von Erdböschungen stabilisiert. Nach dem System kommunizierender Röhren wurde das Wasser über weitere Leitungen vom höher gelegenen Reservoir in die Kaskaden und Brunnen abgelassen. Das überschüssige Wasser aus den Becken im Großen Garten floss in Rohren seitlich in die Graft ab.
Die Gärten und Gebäude nördlich der

Das ehemals für die Gräfin Delitz, Tochter König Georgs I. und seiner Mätresse Melusine von der Schulenburg, errichtete Gebäude ist heute in Privatnutzung der Welfenfamilie.

In den Pagenhäusern wohnten zur damaligen Zeit junge Adlige während ihrer Ausbildung am hannoverschen Hof gemeinsam mit Lehrern und Bediensteten.

Pagenhäuser, des Hardenbergschen Hauses und des Fürstenhauses wichen 1939 der Begradigung der Herrenhäuser Straße mit seitlich verlaufender Straßenbahn. Die Alte Herrenhäuser Straße wurde so zur Sackgasse. Die Pagenhäuser haben nach Norden nur noch einen kleinen Vorgarten mit einigen Bäumen der ursprünglichen Gartenanlage. An der Stelle des ehemaligen Ziergartens der Hardenbergschen Dienstvilla des einstigen Gartendirektors ist während der Sanierung des Gebäudes vor 2000 ein moderner Garten entstanden. Die ausgedehnten Nutzgärten existieren nicht mehr.

Besonders hart hat es das Fürstenhaus getroffen. Konnte man vor hundert Jahren von der Gartentreppe noch in einen ausgedehnten Park treten, liegen jetzt ein Fuß- und Radweg, Stadtbahnschienen und die Herrenhäuser Straße direkt davor. Das Gebäude der EKD aus den 1980er Jahren nimmt den Rest des alten Fürstengartens ein. Das Wasserreservoir wurde Anfang der 1960er Jahre abgetragen und machte Platz für die ehemalige Werkkunstschule, die heutige Fakultät Architektur und Landschaft der Leibniz Universität Hannover. ■

Oben: Wilhelm Hauschilds Foto von 1939 zeigt die Pagenhäuser mit der der alten S-Kurve der Straßenbahn und die im Bau befindliche neue Herrenhäuser Straße.
Unten: Hardenbergsches Haus und Pagenhäuser mit S-Kurve, zwischen 1900 und 1909 aufgenommen, vorne links eines der Lakaienhäuser, Mitte der 1960er Jahre abgerissen.

Der Berggarten in den 1930er Jahren: Der Schmuckhof hinter dem Bibliothekspavillon, einem Laves-Bau, wurde zu diesem Zeitpunkt aus Geldmangel nicht mehr bepflanzt.

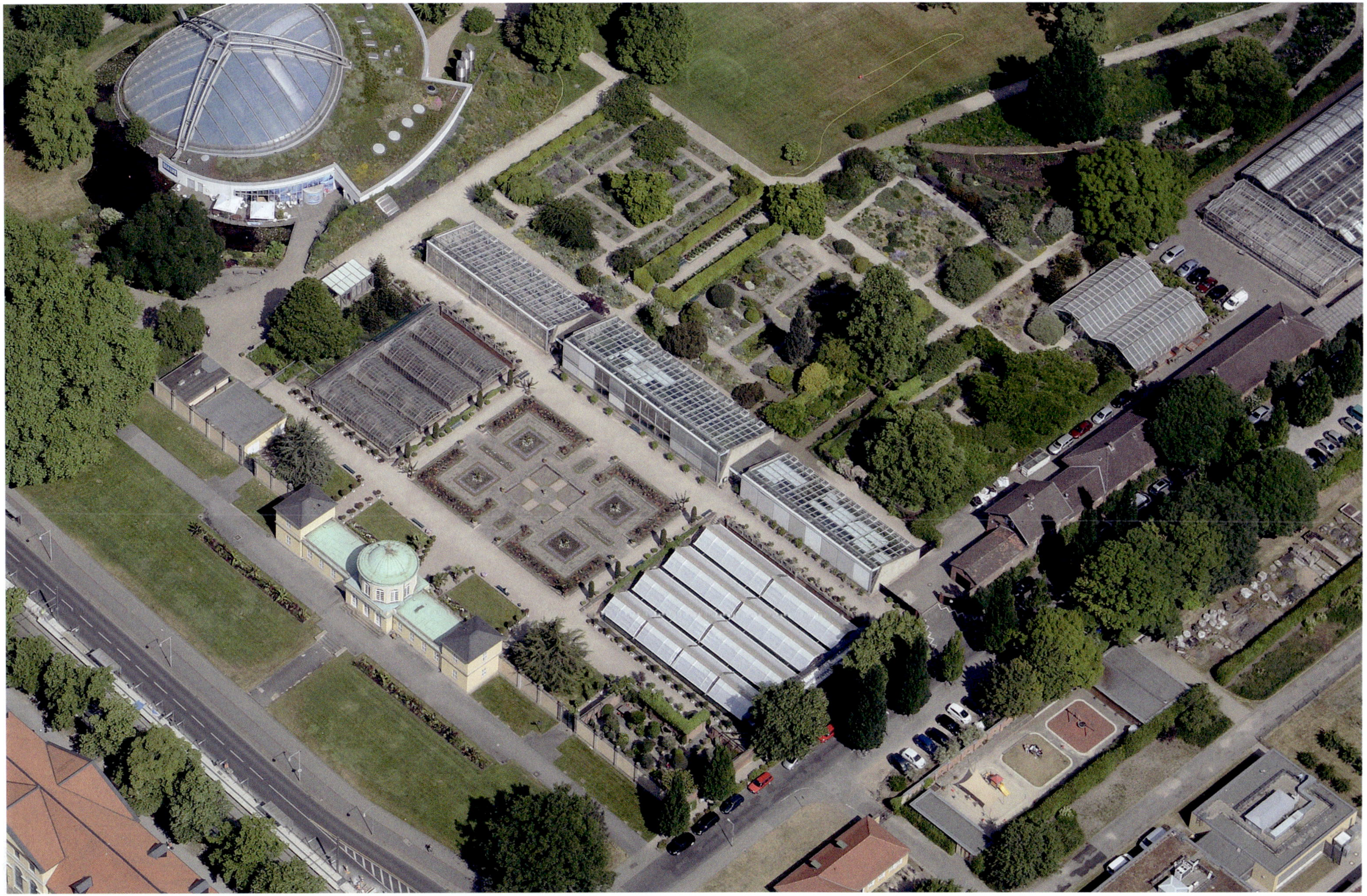

Das Regenwaldhaus, heute Sea Life Hannover, ersetzte das große Palmenhaus, die Struktur um den Schmuckhof mit Bibliothekspavillon blieb erhalten.

Mit 32 Metern höchste Palme Europas

Die Luftbilder vom Berggarten von 1915 sind von sehr schlechter Qualität. Deshalb wird hier eine Aufnahme aus den 1930er Jahren benutzt. Sie zeigt den etwa gleichen Zustand des Gartens, denn in der Zwischenzeit waren keine strukturellen Veränderungen vorgenommen worden. Nur im Schmuckhof wurden zwei Bäume entfernt und aus Geldmangel die Sommerblumen weggelassen.

Den südlichen Teil des Berggartens prägen zahlreiche Schauhäuser: Zehn waren öffentlich zugänglich, weitere Anzuchthäuser lagen am Burgweg. Den Eingangsbereich dominierte einst das 1880 von Richard Auhagen erbaute Große Palmenhaus. Es war mit 30 Metern das höchste Gewächshaus des Kontinents, ein Pflanzenpalast aus Eisen und Glas mit Galerien und Wasserfontänen. Darin wurde eine der weltweit umfangreichsten Palmensammlungen kultiviert.

Ihr Glanzstück war Europas höchste Palme, eine Livistona australis, die 1826 als 50 Zentimeter hohes Pflänzchen nach Herrenhausen gekommen war. Als sie Ende des 19. Jahrhunderts an das Dach stieß, senkten die Gärtner sie mehrfach in ihrem Kübel ab, bis sie schließlich das Grundwasser erreichte. 1920 wurde sie abgesägt: Die Livistona australis war jetzt 32 Meter hoch.

In weiteren Gewächshäusern wurden Orchideen, Sukkulenten und zahlreiche weitere Sammlungen kultiviert. Für die Viktoria regia, die weltweit größte Wasserrose aus dem Amazonasgebiet, die 1851 in Europa im Berggarten erstmals außerhalb von Großbritannien blühte, entstand 1905/06 eigens zu ihrer Präsentation das achteckige Viktoria-Regia-Haus.

Pflanzensammlungen und Sommerblumenbeete wurden aus Geldmangel in den 1920er

Blick vom Palmenhaus über Laves' Bibliothekspavillon in die Herrenhäuser Allee.

Alle Gewächshäuser wurden im Oktober 1943 beim schwersten Luftangriff des Zweiten Weltkriegs auf Hannover zerstört oder sehr schwer beschädigt.

und 1930er Jahren stark reduziert, bis die Stadt Hannover 1936 auch den Berggarten kaufte. Im vorletzten Kriegswinter erfroren die restlichen Pflanzensammlungen in den Ruinen der zerbombten Gewächshäuser.

Das Große Palmenhaus, dessen Scheiben zerbrochen waren, wurde 1948/49 abgebrochen und verschrottet. Erst im Jahr 2000 eröffnete an gleicher Stelle das Regenwaldhaus, das statt in die Höhe nun in die Tiefe geht. Seit 2007 wird es als Sea Life Aquarium genutzt, allerdings immer noch mit Beständen der ehemaligen Regenwaldbepflanzung.

Die Struktur der Bebauung um den Schmuckhof mit dem 1820 fertiggestellten Bibliothekspavillon, den Schauhäusern und abgesenkten Anzuchtgewächshäusern für Orchideen und Kakteen ist geblieben. Die Vielfalt der anderen Gewächshäuser wurde durch die Sondergärten vom Iris- bis zum Präriegarten ersetzt. Auf der rechten Seite der heutigen Luftaufnahme sind das zweischiffige Kanarenhaus und die dahinter liegenden Anzuchthäuser zu sehen.

Der Bibliothekspavillon wurde vom Hofarchitekten Laves als Endpunkt beziehungsweise Beginn der zwei Kilometer langen Herrenhäuser Allee gesetzt. Er steht auf einer Achse vom Gartentheater über die Galerie und Orangerie. Seit langem ist er Sitz der Verwaltung der Herrenhäuser Gärten. ■

Oben: Das achteckige Victoria-Regia-Haus, um 1910.
Mitte: Das Mausoleum, in dem Königin Friederike und König Ernst August ihre letzte Ruhestätte fanden.
Unten: Das große Palmenhaus mit Schmuckhof.

Zitatnachweise

Hoffmann, August: Hygienische und soziale Betätigung deutscher Städte auf den Gebieten des Gartenbaus, Düsseldorf 1904:
Seite 11: Zitat »Wie viele deutsche Großstädte (…)«, ebd. S. 232.
Seite 42: Zitat »Das Betreten der Waldflächen (…)«, ebd. S. 232.
Seite 43: Zitat »Vornehmstes Princip bei dieser Umwandlung (…)«, ebd. S. 232–233.
Seite 58: Zitat »ein herrliches Fleckchen Erde (…)«, ebd. S. 236.
Seite 59: Zitat »mit Fischen und über 100 Sorten (…)«, ebd. S. 236.
Seiten 62/63: Zitat »Etwa 60 starke Bäume (…)«, ebd. S. 238.
Seite 102: Zitat »Auch die Blumenanlagen (…)«, ebd. S. 230.

Homeyer, Hugo: zit. n. Fahl, Andreas in Historisches Museum Hannover (Hrsg.): Heimatfront Hannover. Kriegsalltag 1914-1918, Hannover 2014:
Seite 19: Zitat »Was sind dies alles Einrichtungen (…)«, ebd. S. 80.

Ihering, Herbert: Begegnungen mit Zeit und Menschen, Berlin 1963, zit. n. Rischbieter, Henning: Hannoversches Lesebuch, Band 2, 1850–1950, Velber 1978:
Seite 39: Zitat »Der Streifen, der hinter dem Neuen Hause (…)«, ebd. S.166.
Seite 54/55: Zitat »Ein staatliches Gymnasium (…)«, ebd. S. 167.

Jünger, Ernst: 1918, zit. n. Rischbieter, Henning: Hannoversches Lesebuch, Band 2, 1850–1950, Velber 1978:
Seiten 78/79: Zitat »Ich ging durch die Altstadt (…)«, ebd. S. 203.
Seite 82: Zitat »Die verschiedensten … Speisen (…)«, ebd. S. 196.

Kiepert, Adolf: Verein zur Förderung des Fremdenverkehrs in Hannover (Hrsg.): Hannover in Wort und Bild. Mit 286 Illustrationen (...), Hannover 1910:
Seite 42: Zitate »Wie stille ist's im Walde (…)« und »Ich bin des Tages müde«, Auszüge aus Kieperts Eilenriede-Gedicht, ebd. S. 61.
Seite 55: Zitat »Wenn die Blätter fallen (…)«, ebd. S. 132.
Seiten 58 und 59: Zitat »Wo im Süden der Stadt (…)«, ebd. S. 46.
Seite 62: Zitat »Hoch reckt Dein stolzer Kuppelbau (…)«, ebd. S. 97.
Seite 62: Zitat »Mächtig erhebt sich (…)«, ebd. S. 97.
Seite 74: Zitat »Donnernd fährt der Zug (…)«, ebd. S. 23
Seite 78: Zitat »Wohl keine zweite deutsche Stadt (…)«, ebd. S. 39.
Seite 82: Zitat »Wo zu Ende des 18. Jahrhunderts (…)«, ebd. S. 39.
Seite 106: Zitat »Wohl nirgends hat die Gartenkunst (…)«, ebd. S. 50.

Lessing, Theodor: Haarmann: Geschichte eines Werwolfs, Berlin 1925:
Seiten 70/71: Zitat »Hinter dem Bahnhof der Stadt (…)«, ebd. S. 191.
Seiten 86/87: Zitat »Aber das dritte Hauptzentrum (…)«, ebd. S. 6.

Roth, Joseph: Reisen in die Ukraine und nach Russland, München 2015:
Seite 7: Zitat »Es ist eine große Vermessenheit (…)«, ebd. S. 15 (Ich verdanke diesen wertvollen Hinweis Herrn Dr. Wolf-Dieter Meier, der zu dieser Zeit für das Bildarchiv im Historischen Museum Hannover verantwortlich gewesen ist).

Schaumburg, Christian: Über den jetzigen Zustand der Gartencultur in Hannover und in der Umgebung, Hannover 1834:
Seite 66: Zitat »Die hiesige große ›Gartengemeinde‹(…)«, ebd. S. 121–135.

Abbildungsnachweise

Historisches Museum Hannover: S. 8 (Stahlstich von 1850), S. 9, 12, 14, 15 (alle drei Fotos), 16, 18 re. u., 19 (beide), 20, 23, 24, 26, 27 (alle drei), 28, 30, 31 o., 32, 35 (alle drei), 36, 39 re. o. & m., 40, 42, 43 (beide), 44, 46, 47, 48, 50 (beide), 51 (beide), 52, 55 re. m. & u., 56, 58 re. o., 59 (alle drei), 60, 62, 63 re.u., 64, 66, 67 (alle drei), 68, 70, 71, 72, 74 (beide), 75 re. u., 76, 78, 79 re. o. & m., 80, 82, 83 re. u., 84, 87 re. o., 88, 90, 91 re. o., 92, 94, 95 re. o., 96, 98, 99 (alle drei), 100, 103 re. u., 104, 107 (alle drei), 108, 110, 111 re. u. und re. o. (auch HAZ-Hauschild-Archiv), 112, 115 (alle drei).

Verein zur Förderung des Fremdenverkehrs in Hannover (Hrsg.): Hannover in Wort und Bild. Text Adolf Kiepert. Hannover 1910 (Die Seitenangaben in Klammern beziehen sich auf den Originaldruck von 1910): S. 11 (S. 31), 31 u. (S. 65), 34 (S. 77), 38 (S. 63), 39 re. u. (S. 65), 55 re. o. (S. 163), 58 re. u. (S. 84), 63 re. o. (S. 67), 75 re. o. (S. 25), 80 re. u. (S. 38), 83 re. o. & m. (Sn. 38 und 40), 86 (S. 30), 87 re. u. (S. 25), 91 re. u. (S. 102), 95 re. u. (S. 78), 103 re. o. (S. 51), 106 (S. 57), 114 (S. 44).

Martin Elsen: S. 13, 17, 21, 25, 29, 33, 37, 41, 45, 49, 53, 57, 61, 65, 69, 73, 77, 81, 85, 89, 93, 97, 101, 105, 109, 113.

Ludwig Hemmer: S. 54.

Anonyme Fotografen (unknown authors):

S. 31 m. (lt. http://commons.wikimedia.org, Fotograf PC 0534 Hannover).

S. 102 (lt. https://en.wikipedia.org, Reproduction number: LC-DIG-ppmsca-00448)

Namentlich nicht bekannter Fotograf: S. 6 li. u. (© Bildarchiv der Österreichischen Nationalbibliothek, Wien. [K 31763])

Selfie Martin Elsen: S. 6 re. u.

Literaturverzeichnis

Hannover Congress Centrum (Hrsg.): 1914 bis 2014. 100 Jahre HCC, Hannover 2014.

Historisches Museum Hannover (Hrsg.): Heimatfront Hannover. Kriegsalltag 1914–1918, Hannover 2014.

Hoffmann, August: Hygienische und soziale Betätigung deutscher Städte auf den Gebieten des Gartenbaus, Düsseldorf 1904.

Homeyer, Hugo: zit. n. Fahl, Andreas in Historisches Museum Hannover (Hrsg.): Heimatfront Hannover. Kriegsalltag 1914-1918, Hannover 2014.

Ihering, Herbert: Begegnungen mit Zeit und Menschen, Berlin 1963, zit. n. Rischbieter, Henning: Hannoversches Lesebuch oder: was in Hannover und über Hannover geschrieben, gedruckt und gelesen wurde, Band 2, 1850–1950, Velber 1978.

Jünger, Ernst: 1918, zit. n. Rischbieter, Henning: Hannoversches Lesebuch oder: was in Hannover und über Hannover geschrieben, gedruckt und gelesen wurde, Band 2, 1850–1950, Velber 1978.

Lessing, Theodor: Haarmann: Geschichte eines Werwolfs, Berlin 1925. Kindle Edition 2014.

Roth, Joseph: Reisen in die Ukraine und nach Russland, München 2015.

Schaumburg, Christian: Über den jetzigen Zustand der Gartencultur in Hannover und in der Umgebung. Teil 2.: Über die, von Privaten betriebene Höhere Gartencultur, zit. n. Verhandlungen des Gartenbau-Vereins für das Königreich Hannover, Hannover 1834.

Verein zur Förderung des Fremdenverkehrs in Hannover (Hrsg.): Hannover in Wort und Bild. Text von Adolf Kiepert. Mit 286 Illustrationen nach Original-Gemälden und Original-Zeichnungen von Diekmann, Fiermann, Professor Hammel, Professor Hildebrand, Professor Jordan, Ramberg, Professor Schaper, Stöcke, Ulbrich, sowie nach photographischen Original-Aufnahmen, Hannover 1910. Nachdrucke, Hannover 1980–1990.

Danksagung

Mein besonderer Dank gilt Herrn Wolf-Dieter Mechler, der mich auf die historischen Luftaufnahmen aufmerksam gemacht hat, Frau Katharina Walter vom Historischen Museum Hannover und Herrn Ekkehard Fiss für Korrekturen und technische Zuarbeit.

Der Autor

Ronald Clark (Jahrgang 1956) studierte Gartenbau und Landespflege, leitete den Fachbereich Umwelt und Stadtgrün der Landeshauptstadt Hannover und ist seit 2005 Direktor der Herrenhäuser Gärten. Als Autor und Herausgeber widmet er sich neben ›seinen‹ Herrenhäuser Gärten vor allem den Themen Gartenkunst und privater Gartenkultur.

Impressum

August-Madsack-Straße 1
30559 Hannover

2. Auflage: November 2016

Gestaltung, Art Direction: Florian Knabe
Lektorat, Satz: zu Klampen Verlag, Springe
Aktuelle Luftfotos: Martin Elsen, Stade
Druck: Westermann Druck GmbH, Georg-Westermann-Allee 66, 38104 Braunschweig
ISBN 9783940308986